MILLE VIES VALENT MIEUX QU'UNE

Jean-Paul Belmondo

Mille vies valent mieux qu'une

Avec la collaboration de
Paul Belmondo et
de Sophie Blandinières

Fayard

Photographie : © Raymond Cauchetier
Conception graphique : Antoine du Payrat
© Librairie Arthème Fayard, 2016
ISBN : 978-2-213-70097-7
Dépôt légal : novembre 2016

Avant-propos

Ces mille vies sont passées trop vite, beaucoup trop vite, à l'allure à laquelle je conduisais les voitures.

J'aurais pu me contenter de les vivre une seule fois, sans les raconter. Mais je suis insatiable et, de cette hauteur qu'offre le temps, j'ai eu envie de reprendre la route, plus lentement, dans l'autre sens.

De me rappeler, non pas tout, mais probablement l'essentiel, pour le mettre en mots.

Jouir de mille vies une deuxième fois en les repassant, c'est peut-être trop ; mais, quand il est question de bonheur, la modération est une vertu vaine.

J'ai encore faim de ma vie. Comme un jeune homme.

Et si mon corps ne me permet plus de réaliser des cascades, de foncer à bord d'une Ferrari, de courir d'un tournage à un autre, d'une représentation à la suivante, il ne m'empêche pas de tout revivre, comme si c'était hier, comme si c'était aujourd'hui.

Je mesure, en vous la racontant, combien j'ai aimé la balade, combien elle a été joyeuse, folle, riche, semée d'amitié et d'amour.

J'ai cultivé très tôt la liberté et l'allégresse, peut-être parce que j'étais un enfant de la guerre, peut-être aussi parce que mes parents me les ont montrées et m'ont laissé les prendre, peut-être enfin parce que j'ai décidé que c'était de cela que ma vie serait faite.

Bien sûr, j'ai emprunté des chemins de traverse, j'ai dérangé les cadres, déréglé les cadrans, agacé les classiques, enchanté les modernes. De fait, il n'était pas question de m'inscrire dans la norme, elle me refusait. L'école m'a détesté et le Conservatoire n'a pas même gardé une trace de mon passage dans ses murs que j'ai ébranlés à grands coups de rire.

Il faut bien avouer que je n'ai jamais été très doué pour la tragédie. Au point qu'il m'a toujours été difficile de parvenir à pleurer dans les films et que, malgré les drames, des disparitions cruelles qui donnent l'impression d'une amputation, la vie m'a semblé légère et lumineuse.

Le cinéma m'a mis sous les projecteurs en 1960 et je n'en suis jamais sorti. Jean-Luc Godard, avec *À bout de souffle*, a scellé mon destin, celui que je voulais : être un acteur qu'on désire, que les réalisateurs recherchent, que les spectateurs aiment, être plusieurs, pouvoir prendre tous les costumes, interpréter une myriade de rôles et explorer l'humanité. Et surtout, surtout, m'amuser, jouer.

Car le grand privilège du comédien est d'être autorisé à conserver sa jeunesse. Rester enfant, faire pour de faux, transformer la réalité en fiction jubilatoire, se plaire dans l'instant, dans le jaillissement.

Ce plaisir, je l'ai retrouvé ici, à quatre-vingt-trois ans, dans ma propre peau, cette fois. Il restait encore ce texte à interpréter, à raconter. J'y ai mis le ton et ma vie, par bouffées.

1

Madeleine ou la volonté

Du rouge sur les genoux, écarlate comme les tomates du cageot sur le porte-bagages, Maman remonte sur le vélo. Elle vient tout juste d'en tomber, pour la cinquième ou sixième fois, mais elle reprend sans broncher le corps à corps avec l'engin. Il faudrait la totalité de l'armée allemande, les Russes et les Japonais, pour la dissuader de dompter le seul moyen de locomotion disponible par ce temps de guerre qui nous prive d'essence.

Maman ne craint rien, pas même la guerre. Alors, évidemment, ce n'est pas une bicyclette qui va lui faire peur.

Un genre de chevalier Bayard en jupons, ma mère, une Amazone magnifique. Grande, autant que je peux la percevoir du haut de mes sept ans, belle au point d'avoir fait de la figuration dans un film, et vive, très vive.

Je déborde d'admiration pour elle et ne peux donner tort à mon père de l'avoir épousée.

J'ai plaisir à l'imaginer dix ans plus tôt, Papa, à l'École des beaux-arts, poser un regard timide et doux sur Maman et son habile coup de crayon, et accepter de se laisser dessiner par elle dans un fervent silence amoureux.

*

Madeleine épousa Paul, Paul épousa Madeleine, ils seraient des inséparables. Et même l'ordre de mobilisation pour Papa, glissé sous la porte de l'appartement à Denfert-Rochereau un matin de septembre 1939, ne les empêchera pas d'être ensemble.

Car l'obstination et le dynamisme de Maman, au service de son amour pour mon père, l'avaient décidée à prendre la route derrière lui vers le Nord. Elle l'avait suivi, âme sœur courage, de garnison en garnison, de ville en ville, du territoire à la carte du Tendre.

Elle parcourait, entre autres, Boulogne-sur-Mer et Calais, où nous, mon frère Alain et moi, la rejoignions avec ma grand-mère et Charlie, son compagnon.

Mon grand-père et son corps avait disparu dans les champs de la Première Guerre, celle de 14-18. Je me raconterai plus tard qu'il est le fameux soldat inconnu endormi sous l'Arc de Triomphe.

Mamie était forte, et il ne fallait pas pleurer. Charlie était médecin et, même si ma mère le détestait, c'était mieux quelqu'un qui soigne les corps, que pas de corps du tout.

Le voyage avait été burlesque, sur les routes encombrées d'une France en guerre, à bord d'une classieuse Hotchkiss, voiture Belle Époque construite opportunément par un marchand d'armes. Sur le toit, Mamie et son nouveau compagnon avaient superposé des matelas qui faisaient office de gilet pare-balles géant. Si un avion ennemi venait à nous mitrailler en passant, nous pensions que les balles resteraient fichées dans leur épaisseur laineuse.

Avec cet empilement de literie au sommet de notre noble cylindrée, notre allure n'était pas ordinaire. Ni très discrète. Finalement, je nous estime heureux de n'avoir pas attiré l'attention et stimulé l'esprit taquin d'un pilote de la Luftwaffe.

*

Le tank de fortune est devenu ce vélo de ma mère.

La pénurie s'est généralisée, et les jambes, c'est moins cher que l'essence. Nos estomacs sont devenus une priorité. Pour les satisfaire un minimum, tous les efforts sont requis. Et ma mère, qui a préféré après quelques semaines nous mettre en sécurité plutôt que de continuer à marcher dans les pas de son mari, les déploie.

Nous nous sommes installés au vert, non loin de Rambouillet, paumés dans une maison que possède Papa au milieu de la forêt, aux abords de Clairefontaine. Il faut avouer que les bénéfices de la campagne, quand la disette s'installe, sont démultipliés.

Aux attributs romantiques de la verdure s'ajoutent les pratiques. Les fermes, dispersées aux alentours, délivrent encore le minimum vital dont manquent les citadins : de la viande, des légumes, du lait, du beurre et, quand c'est la saison, des fruits.

Mais ces denrées rares, il faut aller les chercher, et la moindre d'entre elles ne se trouve pas à moins de dix kilomètres. À pied, Maman mettrait quatre heures en tout. Elle n'a pas hésité longtemps à gonfler les pneus du vélo de Papa et à l'enfourcher, bien que n'ayant aucune espèce d'expérience en la matière autre que celle de spectatrice de ses enfants.

Elle essaie, mais les débuts sont difficiles. Elle est souvent éjectée de la selle et attirée au sol, où les cailloux lui déchirent la peau des jambes. Elle subit l'instabilité de la bicyclette à vide et son déséquilibre à plein. Elle collectionne les chutes mais les sourires continuent d'égayer son visage, malgré les genoux constellés de griffures et d'écorchures. Elle fait face, sans souffler, sans se plaindre, sans baisser les bras.

Grâce à son opiniâtreté, nous mangeons à notre faim. Et nous absorbons, en passant, sa ténacité et son sens de l'aventure. Comme un premier commandement pour vivre libre : la volonté peut tout.

Quelques années plus tard, quand je serai découragé d'avoir raté ma première tentative d'être comédien, elle me le rappellera : « De la volonté, mon fils. Avec de la volonté, tu y arriveras. » Et du courage, aussi.

Il en fallait pour rester seule dans une immense baraque perdue au fond des bois avec ses deux jeunes enfants, tandis que l'armée allemande a fini d'envahir le pays et se trouve postée à Rambouillet. Il en fallait davantage encore pour y cacher une famille juive dans la cave, dont elle s'occupait en secret.

Fait dont elle ne s'est à aucun moment, par la suite, glorifiée. Alors même que, après la guerre, certains esprits chagrins faisaient un mauvais procès à mon père, l'accusant d'avoir participé à un voyage en Allemagne avec d'autres artistes. Il faudra l'intervention du général de Gaulle, lui remettant la Légion d'honneur, pour faire taire ces vautours hypocrites.

Je n'ai jamais entendu ma mère dire du mal d'eux. De cela aussi, elle nous a donné l'exemple : opter pour l'explication honnête plutôt que pour la critique masquée.

Après quelques jours, Maman fait baisser la cadence des chutes. Mais elle n'est pas devenue une fanatique de cyclisme. Et, lorsque les beaux jours reviennent, à Clairefontaine, elle nous laisse la remplacer dans sa mission « approvisionnement ». Nous prenons alors la route des fermes en sifflotant et en nous tirant la bourre, suant et soufflant.

À l'aller, nous pédalons dur, à celui qui arrivera le premier. Mais le retour est plus long. Il fait beau, les oiseaux chantent, les blés frémissent. À deux, seuls dans la forêt, il y a toujours de quoi se divertir, et surtout de quoi manger. Les fruits à l'arrière du vélo sentent bon, je suis gourmand, et je résiste difficilement à l'envie d'en croquer. J'en prends un, deux, trois, quatre, ou plus. Le suivant est toujours le dernier que je me promets de toucher.

Ce n'est qu'une fois arrivé à la maison, le pied posé à terre, et l'œil tombé sur mon porte-bagages, que je découvre l'ampleur de ma razzia. Et me prépare à une engueulade. Maman, contrairement à Papa, se fâche de mes bêtises, mais sans jamais me punir. Tant pis pour les réalisateurs qui, plus tard, leur en voudront de m'avoir élevé en respectant autant ma liberté.

La Grande Guerre, dans laquelle mon père s'est engagé volontairement à dix-sept ans, a creusé un lit large, comme une tranchée, pour y accueillir le désir d'être heureux de peu. Il a laissé trois ans de sa jeunesse à son fusil en bandoulière, et quelques mois de rabe parce qu'il a l'âge, vingt ans, de garder l'uniforme le temps que la paix soit complètement installée, les dangers éloignés.

Alors, bien sûr, comparées à la gravité de l'horreur à laquelle il a assisté, mes bêtises lui semblent bien légères. Il s'en amuse presque. Il s'en amusait.

Mes parents ont un don pour le bonheur, qu'ils m'ont bien volontiers légué.

*

Des années plus tard, élève comédien, j'habite un appartement dans le même immeuble que mes parents. J'ai souvent l'occasion d'intercepter les sourires indulgents de Papa au moment de découvrir combien mes camarades et moi mettons le souk.

J'héberge sans me forcer des copains comédiens dans le besoin, tel Henri Poirier qui croupissait dans une chambre de bonne insalubre parce qu'à ciel ouvert : le toit laisse passer la pluie, qui contraint l'ami à vivre au milieu des bassines. Comme Henri est loin d'être le seul jeune artiste à expérimenter la bohème et les semelles de vent, nous nous retrouvons assez nombreux à profiter de l'hospitalité de mes parents. Jean Rochefort, qui n'est pourtant pas à la rue, habite souvent là ; Françoise Fabian, elle, y passe tout son temps – sauf ses nuits.

Il arrive même que j'invite les copines qui tapinent aux Halles, et qui finissent par créer un attroupement au pied de l'immeuble, laissant ses habitants effarés.

Le trois-pièces du deuxième étage est bien assez vaste pour la fratrie d'excités que nous sommes, et les lits, bien assez larges et confortables. Comme défaut, l'appartement n'a que celui de donner sur cour et de manquer d'un peu de lumière.

Vu l'affluence permanente de jeunes garçons fougueux, je suis trop souvent dépassé, la douche bouchée, et la garçonnière désordonnée. Par ailleurs, simple hôtelier amateur, je ne tiens pas un registre de l'occupation des matelas et des chambres assez rigoureux pour éviter quelques situations embarrassantes : l'un se couche dans le noir sur quelqu'un d'autre alors qu'il croyait trouver un lit vide, l'autre pénètre dans une chambre déjà occupée par les ébats d'un couple… Ce dernier cas, non des moins problématiques, avait d'ailleurs stimulé mon inventivité et m'avait poussé à « emprunter » sur un chantier une lampe à bouton-pression qui virait au rouge pour signifier l'interdiction d'entrer. Ainsi, il était devenu possible de se lutiner en toute intimité, sans risque d'être interrompu par une intrusion surprise.

L'appartement communautaire, en vrai phalanstère, peine à se trouver propre et ordonné. En outre, nous avons, mes amis et moi, assez peu de talent en matière de discrétion et je ne peux jurer que nos respectables voisins n'en ont jamais pâti. C'est d'ailleurs souvent dans ce cas, lorsque ma charité à l'égard de mes jeunes et précaires congénères devient voyante, que ma mère finit par s'en mêler, jetant tous mes copains dehors avec une efficacité de déménageur breton. Et ce, environ tous les quinze jours. La scène provoque chez moi un mélange de jouissance et de culpabilité aiguë.

Je déteste fâcher Maman.

J'aimais tant ma mère qu'il m'était odieux de la contrarier et de voir disparaître de son visage ce magnifique sourire, limpide et franc, qui la rendait si belle.

Je veille toujours à ne pas commettre de bêtises trop sérieuses, afin de ne pas gâter son bonheur. Je n'aurais bénéficié d'aucune circonstance atténuante, car la gentillesse et l'ouverture d'esprit de mes parents n'auraient pu justifier aucune révolte de ma part.

Quand un motif de réagir avec autorité s'impose à ma mère, elle le fait. C'est sa nature, vive, dynamique. Et puis, il faut bien tenir son rôle de parent. Mais elle ne met pas longtemps à se radoucir, prompte qu'elle est à pardonner.

D'ailleurs, mes colocataires saltimbanques du deuxième étage n'ignorent pas ce trait angélique qui la caractérise : ils attendent quelques jours après leur expulsion avant de grimper au cinquième et de se présenter à sa porte, avec un bouquet de violettes et des excuses très poliment formulées. Touchée, elle leur rend un grand sourire, sa sévérité adoucie. Et, dès le lendemain, les copains reviennent au deuxième étage avec leur baluchon.

Ça ne dérange pas Maman plus que cela, en réalité, puisqu'elle n'est pas la dernière à héberger ceux qui ont moins de chance et de moyens que nous.

J'ai toujours eu conscience de mes privilèges, de combien j'étais béni d'être né dans une famille unie, aimante et à l'aise. Maman se disait certainement la même chose.

*

Pendant la guerre, ma mère héberge trois Juifs traqués par la Gestapo. Elle leur apporte à boire et à manger avec une discrétion qui ne me paraît pas nécessaire, à moi qui n'aperçois pas souvent les Allemands campés après Rambouillet, et les imagine incapables de voir à travers les murs.

Elle devait se méfier des dénonciations ; elle avait raison. Par ces temps troublés, rien n'était jamais sûr et la confiance s'accordait avec une prudence qu'on aurait, en d'autres circonstances, qualifiée de « délire paranoïaque ».

Les grands arbres touffus de la forêt de Clairefontaine ne nous sauvaient pas de tout. Nous avions tous le même ciel, qui avait viré au gris-noir-sang, au-dessus de nos têtes – et, dedans, des avions se battaient. Les Alliés et les Allemands se trouvaient dans une arène aérienne, et nous dans les gradins, en dessous.

Papa avait été fait prisonnier. Cela avait certainement inquiété Maman, mais elle n'avait montré aucun signe d'anxiété, s'obstinant à demeurer gaie et enthousiaste.

Heureusement, Paul Belmondo n'était pas homme à se résigner ou à rester passif devant le cours des événements. Il a programmé et exécuté son évasion grâce à l'aide de Valentin, un chic type qui disposait du camion d'une entreprise de maçonnerie. Ils ont réussi à rentrer, comme ça, en France, à Paris.

Et l'aventure les a si fortement liés qu'ils n'ont jamais cessé de se voir, jusqu'à la mort de mon père le 1er janvier 1982.

La magie de la réapparition de mon père, maigre et les yeux brillants après cette longue absence, a fait forte impression sur moi. Ma mère exultait, le bonheur était complet. Même si, dès le lendemain, il a fallu se résoudre à le laisser repartir pour se cacher, puis à être privés de lui jusqu'à la Libération. Mais, grâce à ce court intermède, mon frère Alain et moi avons gagné une petite sœur, Muriel, née neuf mois plus tard !

Et la famille a hérité d'une artiste de plus : elle est devenue danseuse, intégrée aux ballets de Nancy et d'Angers, puis professeur au conservatoire de l'Opéra de Paris. Une nuit avait suffi pour un troisième enfant. Mes parents ne plaisantaient pas quand il s'agissait d'aimer.

Après son départ, Maman, enceinte, doit faire face aux difficultés quotidiennes provoquées par la guerre. Obligée de se passer de Papa.

Bien plus tard, lorsqu'il nous quittera, elle sera contrainte de vivre à nouveau sans lui. Mais, fidèle à sa force, à son tempérament optimiste, qui va de l'avant sans remâcher indéfiniment le passé, elle continuera de profiter des choses, de s'y ouvrir.

*

Comme elle n'avait pas pu voyager avec mon père, dont le travail de sculpteur n'était pas transportable, elle le fera avec moi, une fois qu'il ne sera plus là.

Entre deux tournages, dès que j'aurai assez de temps, je l'emmènerai dans un pays lointain. À chaque fois, avec le même enchantement de la voir, bouillonnante et riante, mue par une insatiable curiosité, prête à tout découvrir, tout connaître. Les contrées exotiques, très froides comme l'Alaska, ou très chaudes comme les Caraïbes, l'émerveilleront plus que les autres.

Dans son cas, les années n'ont jamais paru un poids sous lequel se rabougrir. La vieillesse n'a pas corrompu son élan vital, ni érodé sa diabolique énergie. Elle aimait trop la vitesse et l'intensité.

Et, contrairement à la plupart de ceux qui se sont aventurés sur le siège passager des voitures, souvent sportives, dont j'ai honoré la puissance des moteurs en roulant à tombeau ouvert, Maman réclamait que j'accélère encore. Elle appréciait ces pointes grisantes. L'aiguille au compteur indiquait les 200 kilomètres à l'heure, ce qui à moi semblait être une allure convenable, mais pas à elle. Alors j'appuyais sur le champignon et gagnais 10 kilomètres de plus, trop heureux d'exaucer son vœu d'excès, de me rendre complice de ses hardiesses. Elle exultait et moi, je riais.

Quand, après elle, un copain normalement timoré montait à bord de l'un de mes bolides et que, après une légère poussée de l'engin, il ne tardait pas à regretter le copieux repas ingurgité juste avant, se mettait à hoqueter, le visage blanc avec des halos jaunes, à prier tous les saints, même ceux qui n'existent pas, à me supplier de lui laisser la vie sauve, je rendais un hommage intérieur, mais grandiloquent, à l'extrême noblesse de ma mère.

J'aurais fait n'importe quoi pour lui faire plaisir et, comme j'avais un certain talent pour le n'importe quoi, elle était souvent heureuse.

Même quand, âgée, elle a perdu la vue et a été privée de nos excursions dans les pays étrangers et de nos rallyes improvisés sur les routes de France – à l'époque vierges de radars et de gendarmes mobiles –, elle a continué de voyager en souriant. Je lui rendais visite et lui lisais des romans. En mettant le ton, comme il est coutume de dire.

J'avoue avoir peut-être un peu exagéré dans ma façon de jouer avec ma voix pour reconstituer les images devant elle. Le jeune élève du Conservatoire qui, habitué à l'amplitude des théâtres, parlait trop fort les premières fois sur les plateaux de cinéma, revivait pour elle.

Je voudrais qu'elle entende ces lignes de ma bouche. Et qu'elle revienne là-bas, à Clairefontaine, avec moi.

2

Les forces libres

Le ciel grouille d'avions, de traces blanches et d'éclairs. Comme une scène de ménage entre des dieux qui se disputeraient le droit de rester dans les nuées. C'est à la fois fascinant et terrifiant à regarder.

Un château d'eau monumental, visible depuis les airs, se dresse à quelques kilomètres à peine de notre maison de Clairefontaine et sert de point de repère, d'un côté à des avions allemands à l'assaut de forteresses volantes, de l'autre aux bombardiers américains en chemin pour Berlin.

Il n'est alors pas rare que les Allemands infligent une défaite à nos amis, se traduisant par un redoutable piqué tournoyant suivi d'un crash, souvent fatal, dans la forêt de Rambouillet.

J'aime jouer à l'aventurier et j'espère de tout mon cœur que le hasard conduira un jour mon vélo jusqu'à l'un de ces héros blessés, certainement coincé dans la carcasse de son avion à moitié carbonisé. Je pourrais alors, à mon tour, faire acte de bravoure et lui sauver la vie en l'extrayant de son tombeau d'acier, puis en le soignant et en l'approvisionnant chaque jour, dans un abri dissimulé que je lui aurais construit avec des branchages et des fougères. Ses forces revenant progressivement, il serait bientôt assez requinqué pour parler et me raconter tous ses exploits. Plus tard, quand il aurait recouvré complètement la santé, il pourrait même m'apprendre à piloter et à me servir d'un pistolet automatique, d'un revolver et d'un fusil mitrailleur. Nous deviendrions amis et il réclamerait qu'on m'accorde, quand la guerre serait finie, une médaille outre-Atlantique pour l'avoir sauvé d'une fin atroce. Mes parents seraient ivres de fierté et je pourrais dire, tel un Guillaumet en culottes courtes à Saint-Exupéry : « Ce que j'ai fait, je te le jure, jamais aucune bête ne l'aurait fait. »

Las, je n'aurai jamais la chance de croiser un pilote américain de son vivant. La Providence n'est pas toujours très conciliante. Les pilotes tombés dans les bois disparaissent avant que j'aie le temps de les trouver, secourus par d'autres héros qui, il convient de le reconnaître, sont, eux, de vrais professionnels.

Les résistants ont l'habitude des opérations de sauvetage : ils ont vite fait d'exfiltrer l'Américain et de le mettre en sécurité quelque part dans une planque. Avant de l'emmener, ils prennent soin de nettoyer le lieu de la chute, au point que, hormis quelques branches cassées et buissons à moitié brûlés, il ne demeure aucune trace de l'incident.

Parfois, il reste quelques douilles oubliées sur le sol, à moitié recouvertes. Je les cherche entre les feuilles, la terre ou les pierres. Je les garde ensuite comme des trésors de guerre, avec lesquels j'imagine la vie de ces braves qui combattent dans l'ombre pour la libération de la France.

Si je ne rencontre que très peu de pilotes vétérans, des morts, en revanche, j'en connais plein. Ma grand-mère maternelle, très croyante, a confié mon éducation au curé de Clairefontaine, et ce lien d'Église me fera croiser la mort. Régulièrement, le père me traîne avec lui pour arpenter la forêt à la recherche de ces corps de soldats abandonnés. L'abbé Grazziani prend très à cœur cette mission que son patron, là-haut, lui a probablement soufflée ; il nous enseigne ainsi le respect des morts sacrifiés sur l'autel de notre liberté. Les autres garçonnets et moi apprenons correctement, même si l'envie de rire, un peu nerveuse, nous traverse de temps à autre, de préférence dans les moments solennels qui exigent de nous le comportement le plus déférent.

Pour que ces Américains reposent en paix dans une sépulture, il faut beaucoup s'agiter et suer. Le pire étant de soulever le corps, lourd comme un tronc d'arbre, pour le mettre dans le cercueil en bois qui l'attend. Je me demande toujours comment l'abbé fait pour obtenir des boîtes à la bonne longueur. Les types sont grands, pour la plupart, et je retiens toujours mon souffle au moment de déposer le corps. Les jambes ne vont-elles pas dépasser ? Mais non. Du sur-mesure.

Ensuite, il faut creuser le trou dans le jardin derrière la petite église de Clairefontaine. Exercice qui se révèle assez pénible. Nous avons beau être quatre à pelleter, nous ne sommes que des enfants, incapables de charrier de gros volumes de terre d'un coup. Mais ce qui nous motive dans ce travail ingrat, parce que répétitif et salissant, c'est l'argent de poche gentiment donné par l'abbé Grazziani en récompense.

Et puis, évidemment, la satisfaction du travail accompli, la profondeur du trou que nous avons creusé et les lunettes d'aviateur, posées sur le cercueil, avec lesquelles nous enterrons les pilotes qui les portaient encore sur le nez lorsqu'on les trouvait. Nous sommes petits, mais ces lunettes, quand nous pensons qu'elles iront au ciel avec le pilote, ça nous émeut.

Je ne sais pas si j'ai peur de mourir. Quand on est enfant, la mort, c'est autre chose. Ce que je sais, c'est que les bombes me terrifient. Elles tombent n'importe où. Elles ne sont pas loyales, elles frappent par hasard et aveuglément. Elles tombent souvent sur ceux qui ne le méritent pas – et de ça, je suis au courant. Je sais aussi qu'elles s'attaquent aux enfants, aux vieux, et à tous ceux qui m'entourent et qui ne sont pas au front.

Et puis, il y a aussi le bruit des avions. Le son implacable de leurs mitraillettes. De ça, de tout ça, oui, j'ai peur.

Quand ces bruits se font plus proches, à Clairefontaine, Maman nous fait descendre dans la cave.

Un jour, je ne cours pas assez vite et tarde un peu trop à me diriger vers la porte de l'escalier. Je fais ce que je peux pour l'éviter, mais le coucou s'approche de moi en mitraillant. L'avion est si proche que j'aperçois même la tête du pilote. Je me mets à hurler et parviens finalement à pénétrer dans la cave. À l'abri, mon effroi sera tel que je continuerai de crier pendant quinze bonnes minutes.

Maman s'efforcera de me réconforter, mais aucune parole n'aura le pouvoir de faire taire ma peur.

Quel que soit le lieu où nous nous trouvons, il y a presque toujours une cave dans laquelle se mettre à l'abri quand les bombardements commencent. Mais il faut pouvoir y accéder à temps. Au début des hostilités, sur les conseils d'un ami imprimeur de mes parents, nous nous sommes réfugiés dans la Creuse, à Guéret. Là, nous avons habité dans un bel hôtel avec d'autres pensionnaires en fuite. Tout se passait bien, jusqu'à ce que les vrombissements des coucous du ciel se fassent entendre.

Son directeur, un individu agité, que les remous de la guerre semblaient beaucoup perturber, propose alors à la clientèle rassemblée dans le hall de rejoindre les sous-sols de l'hôtel par une porte qu'il désigne. Il en tient la clé à la main, qui gigote comme un grelot tant il tremble. D'épaisses gouttes de sueur se sont amassées au-dessus de ses sourcils et coulent le long de ses tempes. Les mouvements désordonnés du pauvre homme sont grotesques et son manque de sang-froid commence à faire effet sur les autres, qui perdent confiance.

Dans le hall, au-dessus de nous, une immense verrière, magnifique, mais dangereuse : nous sommes visibles comme des poissons dans un bocal et, surtout, le verre sous lequel nous sommes tout près de nous affoler, avec des balles ou des bombes, risque de se rompre comme un biscuit sec, et ses terribles miettes coupantes de s'abattre sur nous en onzième plaie d'Égypte.

Cette perspective, chacun la porte clairement dans le regard vissé sur les faits et gestes du directeur, qui résiste fort mal à la pression. Le malheureux a conscience d'être une sorte de Moïse capable de tous nous sauver et cette responsabilité, beaucoup trop grande pour lui, l'empêche de glisser correctement la clé dans la serrure de la porte de la cave. Les spasmes qui secouent sa main le rendent inopérant et ce suspense de quelques secondes suffit à déchaîner la panique parmi les clients.

À la sidération – les yeux fixés sur la verrière ou l'action désarticulée du directeur – succède le sauve-qui-peut. Certains crient, d'autres pleurent ; les uns tentent de gagner la sortie du bâtiment, les autres se pressent contre le sauveur en échec, comme s'ils cherchaient à l'incruster dans la porte. Ça va mal finir. Si nous ne mourrons pas lacérés par des bouts de verrière, nous mourrons piétinés dans cette entrée d'hôtel, aplatis en tapis persans.

La scène est courte, mais tumultueuse. Elle ne cesse qu'au moment où quelqu'un finit par faire remarquer le silence au-dessus de nos têtes. Les avions sont partis, et le danger avec.

Parfois, les alertes durent beaucoup plus longtemps et nous obligent à rester tapis des heures dans les entrailles d'une maison ou d'une ville, comme Paris.

En octobre 1942, nous sommes revenus avec Maman dans notre appartement de la rue Victor-Considérant, dans le quatorzième arrondissement. Il n'est pas rare que les sirènes retentissent pour annoncer des bombardements. Comme tous les habitants du coin, nous nous précipitons alors vers la station Denfert-Rochereau, laquelle a l'avantage d'être particulièrement profonde.

La station est devenue souricière. Certains Parisiens paraissent avoir élu domicile dans les couloirs du métro, sur les quais et même sur les rails. Partout, des formes de couleur : des gens qui dorment. Chaque fois, je suis bouleversé de les voir. À la campagne, la guerre, c'est pas pareil. Ici, il y a la misère en plus. Il y a ceux qui ne peuvent pas aller ailleurs que sur les rails, il y a ceux qui n'ont pas Clairefontaine.

Sur les routes du pays aussi, je suis témoin de la débâcle, de ces longs convois bringuebalants mêlant des hommes, des meubles, des animaux domestiques, des voitures, des camions, des poules, des piétons, des vélos… De loin, ils forment un serpentin bigarré, mais sombre. L'allure de tous ces gens est lente et grave. Certains sont déjà courbés par la marche et le souci.

Et puis, la guerre, ça brouille les pistes. On ne sait plus ce que les gens pensent, ni de quel côté du combat ils sont. À Clairefontaine notamment, je trouve que le capitaine des sapeurs-pompiers n'est pas clair. Il arbore le brassard des FFI quand il le faut et le retire quand il devient gênant. En clair, il s'arrange pour être copain avec tout le monde. Sauf que ce n'est pas possible quand tout le monde se déteste.

Quand la bataille est là, il convient de choisir son camp. Mais, pour survivre, d'aucuns sont manifestement prêts à ne plus avoir d'opinion, à oublier de prendre parti. À vouloir la paix à tout prix, y compris celui de son honneur. À la fin du conflit, ceux-là n'hésiteront pas à défiler avec les Américains alors qu'ils se sont quelques années plus tôt affichés avec le maréchal Pétain. La duplicité s'accompagne souvent d'un peu d'audace, voire de culot.

Moi, garçonnet de douze ans à la fin de la guerre, je n'ai rien à me reprocher. Du moins, pas grand-chose.

Il y a bien ce petit trafic, naturellement mis en place avec nos libérateurs, qui consiste à échanger des paquets de chewing-gum et de cigarettes Chesterfield contre des cageots de tomates ou, plus inégal, contre une bouteille de vieille prune dégotée à la cave. À peine les Alliés ont-ils établi un camp entre Clairefontaine et Rochefort-sur-Yvelines que mon frère et moi commençons à y traîner. Ce sont des incursions qui, de divertissantes, deviennent intéressantes, lorsque la pratique du troc s'impose à nous. Sur le chemin du retour, mon grand-frère et moi restons émerveillés d'avoir fait du négoce d'homme à homme, de petit Français à grand Américain ou Anglais. Et les biens d'importation, gommes et cigarettes, qui remplissent nos poches, nous gonflent d'une puissante énergie.

Alors, même si j'évite de me vanter de ces échanges marchands, je n'en ressens aucun sentiment de culpabilité. Nous sortions à peine de six longues années de privation.

3

Quelque chose du clown

Nous ne sommes pas au point, malgré notre préparation. Mais ça ne m'inquiète pas plus que cela. On finit toujours par se débrouiller pour combler le blanc ou l'instant de confusion où plus personne ne sait ce qu'il doit faire ou dire, ni même quel est son rôle.

Au moment de répéter, nous ne nous soucions guère de l'absence de metteur en scène et personne n'a l'idée ou l'envie d'être le chef et de risquer d'être contredit d'abord, détesté ensuite.

Au fond, nous ne sommes que des gamins avec l'envie de nous amuser et, pour ça, il vaut mieux pour l'instant ne pas compter sur l'aide des adultes. La guerre ne nous arrange pas : elle nous appelle à la sagesse, nous dissuade d'ajouter des motifs de tracas à nos parents. Quand ils sont là, ou encore là.

Au contraire, nous cherchons, en petits anges que nous sommes, à les distraire, à leur faire oublier pendant vingt minutes leurs inquiétudes et leurs peines. Et, sans trop m'avancer, je crois que nous réussissons dans cette entreprise. Autant par notre habileté dans le jeu que par notre talent pour l'anarchie joyeuse.

À Clairefontaine, Alain et moi sommes en très bons termes avec les enfants des amis de nos parents dans le coin, notamment un dénommé Pierrot avec lequel nous formons un trio. Lorsque nous apprenons que les adultes ont prévu de dîner ensemble à la maison, nous nous lançons dans l'élaboration d'un spectacle à leur offrir à l'heure de l'apéritif. Nous commençons les répétitions le plus tôt possible, avec pourtant cette sensation permanente de nous y prendre trop tard.

Au programme de ces réjouissances théâtrales, nous mettons les quelques classiques que nous connaissons, sachant qu'ils n'y resteront pas longtemps. Nous avons une légère préférence pour les histoires dont les héros transgressent les règles, se comportent de manière chevaleresque, avec courage et majesté. J'adore *Les Trois Mousquetaires*, parce que le bouquin d'Alexandre Dumas contient tous les ingrédients requis. L'amitié du Gascon d'Artagnan avec les trois autres, la beauté de Milady, l'honneur à sauver de la reine. Tout, dans ce roman de cape et d'épée, m'enchante. Et pour nous, jeune troupe de campagne, il a l'avantage de proposer un nombre suffisant de rôles et d'exiger quelques accessoires faciles à fabriquer, le bois remplaçant le fer, les feuilles les plumes, et le papier le tissu des collerettes de mousquetaires.

Les rebondissements et multiples scènes de poursuite avec duels nous donnent le prétexte de nous agiter, de courir, de sauter, de déployer notre énergie. Je suis en train de trouver la meilleure couverture possible pour être un garnement, le meilleur moyen de déconner en toute impunité. Mieux, de déconner sous les applaudissements et les félicitations, sans faire disparaître le sourire de Maman. J'entrevois, de façon précoce, l'intérêt du métier que je vais exercer.

Je prends un tel plaisir à chahuter, déguisé, et à improviser généreusement quand mon texte s'est effacé de ma mémoire à cause de l'excitation éprouvée, que je me débrouille pour faire durer la représentation. Parfois même les adultes, suffisamment divertis, sont obligés d'y mettre eux-mêmes un terme.

Quand nous donnons *Les Malheurs de Sophie*, nous débordons légèrement moins, notre folie reste davantage contenue par le texte. Mais il n'est jamais question de calme sur les planches de brousse.

Là, nous oublions le reste. Nous sommes délestés de la gravité du monde, et de son histoire, par notre innocence enfantine et notre enthousiasme dans l'amusement. Nous regrettons seulement que les adultes ne se fréquentent pas plus souvent pour nous assurer des spectateurs permanents, toujours disponibles pour nous regarder faire les couillons, avec des vêtements trop grands et des moustaches dessinées au charbon.

Passer mon temps à faire l'idiot avec une bande de camarades, aussi bien intentionnés que moi, devient très vite un authentique vice chez moi. Il faut que je m'y adonne régulièrement et passionnément.

Là où nous passons nos vacances d'été, à l'hôtel Castel-Fleuri de Piriac-sur-Mer, dans la Loire-Atlantique, je suis si heureux de retrouver les copains que je redouble d'énergie. Il faut bien avouer que, sur les cinq trublions que nous sommes, chacun y met beaucoup du sien. Aussi la surenchère nous emmène-t-elle assez loin sur l'échelle de la pitrerie et des blagues. La liberté que nos parents nous accordent l'été, nous en faisons bon usage.

Dans la gentille horde que nous composons, je suis reconnu pour être le plus secoué et aussi le plus baratineur, capable de charmer l'autorité au moment où elle risque de s'abattre implacablement, ou de négocier pour obtenir une autorisation quelconque.

Je fais d'ailleurs officiellement mes preuves dans l'art de palabrer. Un jour, je passe devant l'annonce d'un concours organisé par les forains sur la place du village : celui du meilleur bonimenteur local. Mon sang ne fait qu'un tour, et je me présente tout naturellement, seul gamin au milieu de grands alléchés, eux, par les lots, tandis que je le suis seulement par la gloire.

Il s'agit de vendre le produit qu'on m'impose. Le mien a de quoi faire rire un môme : je dois vanter les bienfaits du slip. Toute mon éloquence pour un sous-vêtement !

Comme mes parents m'en ont toujours montré l'exemple, je prends alors le parti de jouer de la cocasserie de l'exploit à accomplir et demeure optimiste quant à mes chances d'en sortir vainqueur. Car, malgré les apparences, j'ai un immense avantage à devoir valoriser le slip : la familiarité.

Des slips, j'en porte tous les jours, des blancs de préférence. Autant dire que je suis incollable sur le produit. J'ai eu l'occasion de remarquer, par exemple, l'importance des élastiques, ou de la taille des trous pour les jambes, ou du volume de tissu devant, ou même derrière. Et cette intimité que j'entretiens, par force, avec les slips, je saurai la partager avec les gens qui m'écouteront en parler. Tout le monde connaît le moment embarrassant du slip qui lâche ou qui se met en boule sous le pantalon, ou qui remonte trop haut sur la taille en irritant la raie des fesses. Alors, il ne sera pas si compliqué de faire acheter à des gens quelque chose dont ils ne peuvent se passer et avec lequel il leur arrive d'avoir de petits tracas.

Mes arguments et ma force de persuasion me permettent d'atteindre la première marche du podium, avec fierté et un fou rire qui pointe, sous l'œil écarquillé de mes amis sidérés.

Grâce à mes talents d'orateur, j'ai gagné le lot le plus précieux, mais pas le plus intéressant : un service de table. Mais mon dépit n'a duré que les quelques secondes qu'il m'a fallu pour songer au moyen de tirer quelque chose de la récompense.

Dans l'établissement où nous logions pendant toutes les vacances, elle serait tout à fait la bienvenue. C'est comme ça que j'ai refourgué les assiettes et tout le bazar qui allait avec aux propriétaires du Castel-Fleuri, M. et Mme Loyer. Ils souriaient de ma débrouillardise, et moi de l'argent de poche obtenu à la tchatche, en faisant ce pour quoi j'étais doué : amuser la galerie.

Mais toutes mes bêtises ne débouchent pas sur des gains sonnants et trébuchants. Il arrive aussi que je les réalise pour rien, juste pour le plaisir de rire et de faire rire. Devant l'afflux des touristes, un jour, me vient l'idée d'une blague dont je pourrai jouir plusieurs fois dans l'été.

Sur la côte, nombreux sont les vacanciers qui flânent, visitent, se baignent. Je décide de me faire passer auprès d'eux pour un jeune Britannique envoyé en villégiature de l'autre côté de la Manche. Pas un pour ne pas gober mon personnage. Je suis assez habile pour contrefaire l'accent anglais, j'habille avec gourmandise toutes mes phrases de délicieuses intonations *british*.

Manifestement, je suis crédible dans la peau du jeune Anglais courtois qui s'efforce de parler la langue du pays sans pour autant effacer ses racines. Ce sketch marche très fort : les touristes ne doutent pas de mon authenticité et mes copains se gondolent en me voyant poser. Quant à mes parents et autres adultes au courant de ma véritable nationalité, ils admirent mon audace et rient de mes pitreries. Eux non plus ne s'en lassent pas. Mieux, ils s'en félicitent, me voyant heureux et terriblement vivant. Hélas, je finis par être démasqué quand un de ceux que j'ai bernés m'entend parler un français trop courant, sans accent. Il me passe alors un savon mémorable, ruinant ma réputation dans le coin, et ce jusqu'à l'année suivante.

*

Si je sème, dès que possible, la zizanie ailleurs, la plupart de mes idioties, je les réserve à mon terrain de jeux d'origine : Paris.

C'est à cette ville que je veux donner le meilleur, c'est là que je bande l'arc de mes talents de clown. À cette ville, et surtout à mon quartier que j'aime, cet immense jardin dans lequel j'ai pu grandir en liberté.

Pour moi, le quatorzième – et ses arrondissements limitrophes, cinquième et sixième – représentait le *must*, l'Éden, l'Olympe, Babylone. Rien n'égale la rue Daguerre et ses commerçants avenants, la place Denfert-Rochereau et le bronze du lion de Belfort sur lequel grimper. Les allées des jardins de l'Observatoire où nous allions le jeudi avec Maman servent de stade où je participe, grâce à ma petite sœur, à des courses de poussettes. Avec des camarades, nous laissons chacun notre cadet dans l'engin et courons comme des dératés. Impossible d'éviter à chaque fois les chutes : Muriel a ainsi pâti de ma maladresse, et s'en souvient encore aujourd'hui.

Les élégantes de la Coupole, les cafés et bistrots où s'agite une faune d'artistes et de clochards, l'agitation de la rue de Buci et le marché dominical du boulevard Raspail me ravissent. Nous vivons dans une partie de la capitale encore très privilégiée, car le calme et le chant des oiseaux y sont préservés, sans que l'ambiance y soit mortelle. Malgré le voisinage du cimetière, de l'autre côté de la rue Victor-Considérant, courant sur une cinquantaine de mètres, et sur lequel nous n'avons pas vue.

Là, je coule des jours d'enfant heureux. Je n'ai pas dix ans, mais je contemple le quartier comme s'il était mon royaume. J'en dénombre les richesses et en recense les sujets (ceux que je connais) ; j'en fais plusieurs fois le tour dans la semaine pour m'assurer que tout est intact et pour repérer des espaces inédits où s'amuser. Même s'il est inutile d'aller bien loin : mon immeuble offre déjà tout l'équipement ludique, constituant un chapiteau parfait et très pratique, puisque facile d'accès.

En matière de cirque, je ne dispose pas d'autre expérience que celle de spectateur. Ma mère, au moment des fêtes de Noël, nous emmène voir les clowns. Ils me fascinent, je ne peux détacher mes yeux de leur nez rouge et de leurs singeries en costume rayé et nœud papillon. Je rêve d'être des leurs ; de pouvoir, comme eux, déclencher des rires à l'envi et diffuser de la joie autour de moi. Je répète à Maman : « Moi aussi, je veux être clown. » Elle aurait pu répondre : « Tu l'es déjà, mon fils. »

Elle essaie à peine de freiner ma propension aux diableries en tout genre. Il lui arrive de réagir, de me gronder deux minutes quand, vraiment, je dépasse les limites, quand je me mets en danger. En ce temps-là, elle n'imagine pas que mon inconscience survivra à mon enfance.

Régulièrement, je m'adonne à une acrobatie spectaculaire dans la cage d'escalier de l'immeuble. Sur le palier du cinquième étage où notre logement est situé, je me suspends à la rambarde dans le vide. Soit je suis accroché par les mains, la tête en haut, soit par les jambes, la tête en bas. Ce qu'il convient d'appeler la position du « cochon pendu ». Cette dernière figure épouvante les voisins quand ils sortent de chez eux au mauvais moment. Souvent, ils se précipitent sur la sonnette de l'appartement pour prévenir ma mère que je suis en train de faire le zouave et que ça risque de « mal se terminer ».

Eux, ce sont des gens bien, et responsables. Qui s'étonnent peut-être de la placidité de Maman, que l'accumulation de mes bêtises a lassée, et qui se contente généralement d'un : « Jean-Paul, s'il te plaît, arrête de faire l'idiot. »

Je la soupçonne d'ailleurs d'intervenir par acquit de conscience, pour répondre le plus correctement possible aux attentes des voisins. En réalité, elle fait confiance à ma souplesse, à ma hardiesse et à ma chance. Et puis, elle n'est pas ce genre de mère étouffante qui couve ses chérubins de peur qu'ils ne s'abîment, qui prévoit avec un pessimisme fataliste tous les accidents possibles, et qui leur fait garder le lit au moindre petit rhume ou bobo.

*

Lorsque, bien des années plus tard, fidèle à mon penchant pour la voltige, je réaliserai les cascades moi-même dans les films, Maman n'éprouvera pas davantage de frayeur, ô combien détachée des considérations maternelles ordinaires.

Alors que je suis hospitalisé pour une hanche cassée après une pirouette qui a mal tourné, elle vient me rendre visite. Elle déboule en tornade dans ma chambre et me demande d'emblée, avec un air affolé : « Tes jambes ? Où sont tes jambes ? » Je suis un peu surpris par la brutalité de son entrée et par l'étrangeté de cette question, dont la réponse me semble si évidente. Je soulève le drap pour m'assurer avec elle que mes jambes se trouvent bien à l'endroit présumé. Elle paraît très soulagée, et s'exclame : « Ah, ça va, alors ! Je croyais qu'elles étaient cassées ! »

Là-dessus, Maman tourne les talons, passe la porte de ma chambre et disparaît. Sur mon lit, je reste soufflé. Ma hanche cassée ne mérite pas cinq minutes de présence à mes côtés, ni un soupçon de compassion. Le principal est que mes jambes soient sauves. Le reste, elle s'en moque.

*

Pour sortir ma mère de son stoïcisme, il faudrait que je réalise des prouesses bien plus spectaculaires qu'un pauvre petit cochon pendu à la rambarde du cinquième. J'essaie pourtant de mettre le paquet pour la surprendre, avec la complicité de mon frère qui lance à chaque fois l'alerte.

L'un de mes jeux favoris consiste, lorsqu'on m'appelle pour dîner, à passer par l'extérieur, en enjambant le balcon depuis la chambre de ma petite sœur Muriel. Mes parents me voient alors arriver par les airs plutôt que par le couloir. Papa explose de rire. Et Maman se contente d'émettre une remarque pour la forme, comme pour dire : « D'accord, je suis l'autorité. »

S'ils ne me poussent quand même pas à faire l'imbécile, mes parents ne me l'interdisent pas non plus et je ne manque pas d'interpréter leur mansuétude comme une sorte de permission tacite. La décontraction avec laquelle ils me regardent grandir, ou pas, témoigne de la confiance qu'ils accordent à ma destinée.

*

De toute leur vie, ils ne s'inquiéteront véritablement qu'une fois pour moi : en 1970, lors du trente-septième Gala des artistes. J'ai prévu pour l'occasion un numéro un peu osé de voltigeur qui fait semblant de ne pas maîtriser sa chute. Or, je n'ai pas eu le temps ou l'idée de prévenir mes parents, qui vont y assister. Je suis, il faut l'avouer, très excité à la perspective de cette saynète aérienne dans un cirque.

J'ai bien rôdé mon tour avec mon complice au sol, Mario David, en clown blanc, pour me donner la réplique. Je m'assois partout dans les gradins et, à chaque fois, il me demande de me relever : « Mais, monsieur Belmondo, ce n'est pas votre place. » Stratagème de clown pour me faire grimper sous le chapiteau. Je disparais, puis j'arrive finalement par les airs. Alors, je dois dire : « C'est un peu haut, là », et ajouter un truc du type : « Ah, on est là pour faire des acrobaties ! »

Le clown, lui, continue son manège et m'enjoint de redescendre. S'ensuivent quelques minutes où je dois coincer mon pied dans une corde. Puis me lancer dans les airs, retenu par une seule jambe. À la moitié du chemin, la tyrolienne se casse pour de faux, je crie et finis par atterrir à ras du sol. Tout content de mon sketch.

Sauf que, le soir du Gala, l'illusion a si bien convaincu Maman qu'elle a laissé échapper un cri de frayeur, tout à fait certaine que j'allais me briser la nuque devant elle. Après le spectacle, elle me passe un savon comme elle ne l'avait jamais fait au cours de ma si tendre enfance.

4

Les arts, les lettres et le bonheur

La patience qu'il faut à mon père pour travailler des
matériaux revêches et imposants pendant des semaines
m'impressionne. Moi, gamin bouillonnant et impatient,
qui ai tant rechigné avec mes boucles à poser pour lui, à
six ans, j'observe la lenteur, la précision de ses gestes de
sculpteur, sa constance, avec un émerveillement continuel.

Il ne cherche pas à dominer la glaise, à la soumettre à sa
volonté d'artiste. Au contraire, il semble l'écouter comme
si c'était elle qui lui chantait une forme. Il voit au fond
d'elle l'image de ce qu'elle deviendra. Entre eux se tisse
un dialogue dont la sculpture, finalement, est l'issue. Et
ce lien exige un labeur âpre et quotidien, dont je m'étonne
qu'il ne décourage jamais mon père.

Quel amour de son métier faut-il pour qu'il se rende
tous les matins à heure fixe à son atelier, où aucun patron

ne l'attend ! Il œuvre avec la régularité et la discipline d'un fonctionnaire attaché à l'armement nucléaire.

De prime abord, personne ne peut deviner qu'il est artiste : il n'en a ni la mise, ni les mauvaises habitudes supposées. S'il se montre coulant avec ses enfants, il est sévère avec lui-même, abhorrant la facilité, conspuant le talent qui voudrait se priver de besogne. Son credo, répété des centaines de fois dans nos oreilles : « Le don, c'est comme un diamant : si on ne le travaille pas, il ne sert à rien. »

Papa prend la sculpture tellement au sérieux qu'il y investit toute son énergie et garde devant elle une attitude révérencieuse. L'obstination qu'il met dans son travail ne ressemble pas à un combat dont l'enjeu serait de combler son orgueil, mais plutôt à un chemin de modestie. Il n'est jamais satisfait de lui-même et de ses productions, et il n'aurait jamais prétendu avoir fait le tour de quelque chose, être spécialiste de quoi que ce soit. Il se considère comme un perpétuel apprenti auquel les connaissances manquent encore et toujours.

Papa est un boulimique de travail et il m'arrive d'en pâtir quand, enfant, je me retrouve à déambuler, gavé de peintures et de sculptures, quasi titubant dans les immenses galeries du Louvre, parce qu'il a décidé que nous y irions tous les dimanches, sans exception.

Son enthousiasme ne subit aucune érosion. Dès le samedi, il annonce gaiement le nom du département que nous allons visiter : « Demain, je vous montrerai les peintres flamands. » Il continue de s'extasier à haute voix devant les tableaux de maîtres, découvrant de nouveaux micro-détails qui lui ont échappé jusqu'alors, les interprétant en rapport avec l'histoire de l'œuvre et des arts en général, les rapprochant ou les opposant, les louant pour leur beauté spécifique.

Sa passion, il la souhaite contagieuse. Mais je confesse que pour moi, l'enfant de cirque, ce plat de culture hebdomadaire, après le repas dominical, à l'heure précise de la sieste, est trop copieux. Je ne dis rien, bien sûr, afin de ne pas décevoir mon père. Il ne peut concevoir que nous laissions flotter sa voix dans nos oreilles sans prêter attention à ce qu'elle nous raconte, y attrapant au gré de notre somnolence quelques noms de peintres illustres qui deviennent à force, malgré nous, familiers.

Nous ne faisons que picorer ce que notre père, lui, engloutit. Ce qui provoque chez lui d'intenses émotions esthétiques, une ardente stimulation intellectuelle, suscite chez nous un profond ramollissement, que n'endigue pas l'impossibilité de faire les pitres dans ces galeries qui s'y prêtent pourtant parfaitement.

Quand l'un de nous ose demander à Papa : « Mais pourquoi retournes-tu tout le temps au Louvre ? », il répond invariablement : « Pour apprendre, mon petit. » Réponse qui nous laisse perplexes, enfants paresseux que nous sommes, mauvaises graines sympathiques, gorgées d'amour et d'admiration pour leurs parents modèles dont ils craignent d'être incapables de suivre l'exemple.

*

Un jour, les enfants étant devenus des quinquagénaires, nous déjeunons un dimanche au restaurant avec notre père quelques mois avant sa mort. Nous le questionnons sur son programme de l'après-midi, ce à quoi il répond : « Je vais au Louvre. » Spontanément, je lâche un : « Pour quoi faire ? » Il me regarde, me sourit et me rétorque : « Mais, pour apprendre, mon petit. » À quatre-vingt-trois ans, il se trouve toujours aussi vierge devant la connaissance et la beauté.

Il a dessiné tant qu'il a pu et sur tout ce qui lui tombait sous la main, y compris des bouts de nappe en papier. C'est à cela, quand à la question de son copain Valentin : « Pourquoi tu ne dessines pas ? », il a répondu : « Pourquoi ? Pour quoi faire ? », que j'ai compris qu'il allait s'en aller.

*

Le pèlerinage du dimanche au Louvre m'a certes enseigné l'humilité nécessaire devant la somme de tous les savoirs, mais il me dégoûte aussi durablement de la peinture. Pendant longtemps, alors que, d'après mes références administratives, je suis déjà un adulte mature, je demeure un traumatisé des musées, et il faut me menacer de mort pour me faire passer les arcades en pierre de la rue de Rivoli.

Pauvre Papa qui tentait de nous léguer son goût ! Et qui se fiait à notre air d'anges égarés sur terre lorsque nous lui rendions visite à l'atelier sous prétexte de l'embrasser après quelques galipettes sur la pelouse des jardins de l'Observatoire et avant de rentrer à la maison...

En réalité, ce qui nous attire au 77 de l'avenue Denfert-Rochereau, à cinq cents mètres de Port-Royal, au fond de ce parc aux arbres centenaires qui abrite une vingtaine d'ateliers aménagés dans d'anciennes écuries, c'est l'odeur de la chair nue des modèles opulents de notre père. Et tout est motif à pénétrer dans la vaste pièce où il officie – une lettre à apporter, une question urgente à poser, une carafe à remplir...

Quel ravissement que d'être autorisé à se rincer l'œil, tranquillement, sous prétexte d'être un enfant, sous prétexte d'art ! Je crois que c'est en ce lieu où Papa fait venir ces admirables déesses, ces perfections charnelles, ces beautés intemporelles, que je contracte cette philanthropie dédiée aux femmes. Cette vénération pour ce qu'il est convenu d'appeler injustement le « sexe faible », mais qui incarne pour moi un continent de délices, une promesse d'allégresse, une félicité sans pareille.

La beauté, mon père sait la créer, la rendre. Car ces femmes, que je trouve bien gentilles de souffrir l'interminable temps de la pose, épreuve parfaitement sensible et concrète, embellissent encore plus entre les mains de Papa. Elles gagnent souvent un charisme, un éclat qu'elles n'ont pas toujours dans la réalité. Ce qui nous bluffe le plus, mon frère Alain et moi, c'est qu'il soit capable de déceler la joliesse chez un individu de sexe féminin à laquelle nous sommes, nous, restés aveugles.

Un jour où nous faisons un détour par son atelier, nous tombons sur la dame qui fait le ménage chez nous. Elle est là, dans le plus simple appareil d'une femme qu'on vient d'arracher au sommeil, devant mon père, revêtu, lui, de son inénarrable blouse blanche de sculpteur. Elle se pose, se repose. Elle, si discrète, sombre et courbée, dans le cadre où elle nous apparaît d'habitude, nous crève soudain les yeux, mise en lumière par notre père. Finalement, nous n'avions jamais remarqué ce qu'il a repéré, lui, tapi dans l'ombre d'un quotidien terne : sa lumineuse beauté.

Mon regard, perché sur la vertigineuse corniche de ses mamelons, peut enfin envoyer à mon cerveau la note suivante : « Penser à mater ses seins sous sa blouse à la prochaine occasion. Et ses fesses aussi. Et puis… si ça me revient. »

Les fois d'après, quand nous passerons le seuil de l'atelier, nous repenserons à notre surprise ce jour-là et redouterons de trouver, allongées et nues, la charcutière de la rue de Buci, la maraîchère du marché Raspail, la poissonnière de la rue Delambre, la concierge de notre immeuble, ou encore ma maîtresse d'école.

Encore aujourd'hui, j'admire Maman qui n'éprouvait pas la moindre jalousie alors que son mari passait le plus clair de son temps au contact de femmes dévêtues, souvent désirables et très conciliantes. Là encore, elle faisait preuve d'une assurance et d'une confiance remarquables. Son adoration pour mon père, auquel elle avait sacrifié sa propre carrière artistique, l'empêchait d'émettre le moindre doute ou soupçon.

Je ne les ai jamais entendus se quereller et quand, plus tard, je serai assez prompt à casser de la vaisselle, des meubles, à faire des scènes et de magistrales crises de jalousie, au moindre signe, réel ou inventé, de tromperie, je ne pourrai m'empêcher de penser à eux, et à leur harmonie sereine. Ils se complétaient sans se disputer les prérogatives, ils se mettaient d'accord sans avoir à en discuter, ils se répartissaient notre éducation sans devoir le théoriser.

Si à Papa est dévolu l'enseignement de la peinture, de la sculpture et des choses de la vie, à Maman revient naturellement l'initiation au septième art et au théâtre. C'est avec elle que je vais au cinéma à Denfert-Rochereau me régaler de films comme *Volpone* avec Louis Jouvet, *La Femme du boulanger* avec Raimu, *Les Visiteurs du soir* avec Jules Berry ; et à la Comédie-Française aussi, où je suis marqué par une représentation des *Femmes savantes* de Molière. Et où le charme de ces planches qui portent depuis trois siècles la crème des comédiens fait sur moi forte impression.

Mais ma mère ne se contente pas de m'emmener au Français dès l'âge de douze ans. Comme mon père, elle préconise d'approfondir la matière choisie : nous faisons un tour complet des théâtres parisiens.

Grâce au caractère consciencieux de Maman, j'ai ainsi la chance de voir Pierre Brasseur dans *Le Bossu* au théâtre Marigny et dans *Kean*, Michel Simon au théâtre Antoine dans le mythique et savoureux *Fric-frac*, Charles Dullin à l'Atelier interpréter un inoubliable *Avare*. Entre autres.

La liste serait longue de ceux qui ont gravé en moi, au théâtre ou au cinéma, des images qui m'ont par la suite servi de phares, de rampes auxquelles me tenir, jeune comédien à genoux devant le génie d'un Michel Simon, dont j'ai perpétuellement cherché à m'inspirer, d'un Fernandel, qui me faisait hurler de rire dans *Les Dégourdis de la 11ᵉ*, ou encore d'un Jules Berry, le diable des *Visiteurs du soir*.

En résumé, je suis bien nourri par mes parents, qui veillent à ce que la vie ne soit pas engluée dans trop de réel ou de matériel. Ce qui se passe dans un film, finalement, a tout autant d'importance qu'un fait d'actualité, quel qu'il soit. Quand la réalité est déplaisante, la fiction demeure le recours idéal. La réalité, de toute façon, n'est jamais venue d'elle-même : elle se crée, comme mon père façonne ses bustes. La joie est une fiction à laquelle on finit toujours par croire. Le bonheur, une réalité qu'on a inventée.

Mes parents nous nourrissent de leurs passions. Et notre appartement de la rue Victor-Considérant constitue en outre un lieu ouvert où une multitude d'artistes en tout genre, amis de mes parents, sont toujours les bienvenus à table et acceptent de rester pour un, voire plusieurs cognacs, captés par les discussions. Vlaminck, que mon père a pour voisin avenue Denfert-Rochereau, ou Pierre Brasseur, que ma mère a connu au cours de sa carrière éclair de figurante, passent ainsi souvent par notre salon et se régalent des saillies enflammées de Papa, pourtant si calme et doux, sur le travail de Bourdelle ou *L'Enfer* de Rodin.

C'est toujours drôle de le voir s'animer et s'impatienter quand il a l'impression de n'être pas assez finement compris. Parfois, par malice, Maman le provoque, feint de s'opposer à l'une de ses ardentes analyses.

*

Mon enfance, en compagnie de ces parents-là, fut des plus heureuses. Tout m'a été donné d'office, sans que j'aie eu à produire le moindre effort. Je ne me rappelle pas m'être senti une seule fois brimé ou frustré. Ou plutôt si, une seule fois. Parce que je désirais quelque chose qu'on ne pouvait se procurer, même avec la meilleure volonté du monde. Ce quelque chose n'était rien de moins qu'un train électrique grand comme la table du salon que j'avais repéré dans un catalogue. Mais nous étions en guerre et les jouets avaient déserté les rayons des magasins. Je serais donc bien malhonnête de faire de ce train électrique une fausse note dans la partition du parfait bonheur de mon enfance.

C'est probablement ce qui m'a aidé par la suite à lutter contre les mauvais coups du sort. J'en ai tiré une force tranquille qu'aucun événement, même le plus terrible, n'a pu jusqu'à maintenant anéantir. Une enfance heureuse est le plus beau cadeau que le destin puisse réserver à un homme. De manière aléatoire, injuste. Et je plains ceux que l'évocation de leur enfance fait frémir, ceux qui ont grandi privés d'amour, de liberté. À eux, je suis prêt à tout pardonner.

Il m'est arrivé de me lier à des anciens de la DASS, à des hommes qui ont été des gosses des rues. Avec l'un d'eux, Alain Delon, le lien est devenu une amitié fidèle, faussement interrompue par une brouille montée en épingle dans les médias. En fait, tout nous rassemblait, seules nos enfances s'opposaient. Et sur ce plan, oui, de très loin, j'ai eu le beau rôle.

5

Bon à rien, ou presque

Ils ont fini par se lasser de moi et, le 29 mai 1944, ils m'ont exclu. Renvoyé en vacances, tout simplement. Il faut dire que je n'ai pas fait preuve d'un enthousiasme démesuré depuis la rentrée de janvier.

Des heures passées à m'ennuyer mortellement à l'École alsacienne, parfaitement indifférent à l'apprentissage de l'arithmétique et autres matières dont je ne perçois pas l'intérêt immédiat, me conduisent à juger une salle de classe comme le terreau idéal de la neurasthénie.

Dès mes débuts dans le giron de l'école, je ne peux cacher mon incompatibilité naturelle avec une institution qui manifestement considère l'enfance non comme un vert et tendre paradis, mais comme une cellule, grise et froide, dénuée de toute trace d'humanité.

Ces fameux horizons auxquels elle est supposée m'ouvrir, je ne parviens pas à les distinguer. À l'inverse, il me semble que l'on cherche à ériger des murs autour de moi afin de me boucher la vue et que l'on me ligote avec des cordes nommées « autorité », « sagesse », « respect », « avenir ».

Déjà, à la petite école paroissiale de la rue Denfert-Rochereau, sans faire partie encore des empêcheurs de tourner en rond, je me signalais par une précoce désinvolture pour les affaires de cartable. J'étais meilleur enfant de chœur qu'élève. Mais j'étais à cet âge de la vie où l'on hésite encore sur la conduite à adopter.

C'est en atterrissant à l'École alsacienne, rue Notre-Dame-des-Champs, que mon athéisme s'est radicalisé. Mon parti, celui des cancres et des vauriens, je l'ai pris.

S'il me faut plaider des circonstances atténuantes pour échapper à une peine trop sévère, j'arguë que les mœurs de cet établissement, chic et célèbre pour la hauteur de son enseignement et de sa moralité, sont parfois étranges. Il y a notamment un instituteur, en neuvième, M. Josset, dont le comportement n'est pas si éloigné de celui des fous prenant un entonnoir pour chapeau dans les gravures populaires. Il dissimule un objet dans son bureau, qu'il fait régulièrement couiner pendant ses cours. Le motif pour lequel, soudain, sa main plonge dans le tiroir et provoque ce bruit strident demeure obscur. Et la nature de la chose qui le produit, encore davantage. Avec mes camarades, nous nous perdons en conjectures à ce sujet : vieux klaxon interdit d'usage pour cause de surdité brutale, appeau, marmotte cantatrice, putois enragé ?

Les autres phénomènes de cette classe sont les enfants de vedettes, dont ceux de Fernand Ledoux, qui apportent des photos de leur papa en train de faire son métier ou de répondre à des journalistes de la télévision. Ces pauvres gamins, puisqu'ils paraissent tristes, subissent un traitement différent des autres : les professeurs s'adressent à eux avec à la fois respect et agacement.

Cette déférence ne renforce pas l'admiration que je ne leur voue déjà pas et aggrave considérablement ma facilité à mettre le bazar. Pour faire rire les copains et énerver le professeur qui cherche à nous transmettre la pureté des alexandrins raciniens, je modifie le nom de Britannicus en « Brinnaticus ». Ou bien je me plais à jeter des feux de Bengale dans les couloirs de ma respectable école. Mais le pire, le plus inadmissible pour eux, le plus euphorisant pour moi, c'est le jeu des pirates. Des générations successives d'élèves l'ont pratiqué, et il n'a jamais déçu. Si l'on avait pensé à créer des jeux olympiques d'amusements de potaches, il aurait sans doute figuré sur le podium. Pour y participer, nul besoin d'une multitude d'accessoires – un banc suffit –, ni d'être aussi nombreux qu'une équipe de foot – deux garnements seulement sont nécessaires. En outre, le principe étant fort simple, le risque de lassitude est minime. Il s'agit de déloger l'individu assis sur le banc par tous les moyens possibles, même les plus brusques ou sournois.

Je me livre aussi souvent que possible à cette occupation des plus ludiques et je sors de ce jeu, qui tient davantage de la lutte gréco-romaine que du bridge, dans un état pitoyable, dépenaillé, suant, couvert de bleus et d'égratignures, mais heureux. J'adore jouer aux pirates, et je n'ai pas su arrêter.

Alors que l'École alsacienne constituait déjà un vieux souvenir et que j'étais un acteur qui ne connaissait plus le chômage, je ne me privais pas de m'y adonner entre deux prises sur les plateaux de tournage avec mes fidèles Jean-Pierre Marielle et Claude Brasseur. J'avoue ne pas toujours saisir l'intérêt de grandir, au sens où les gens raisonnables l'entendent.

En fait, à l'école, je suis surtout adapté aux intercours, aux interludes. Dedans, je m'étiole ; dehors, j'accomplis des merveilles. Je brille dans les bagarres homériques qui éclatent dans la cour de récréation grâce à une gauche très correcte. Mes vêtements, au contraire, subissent de terribles défaites qui ne sont pas toujours réparables, mais que Maman pardonne à la vue de mes blessures de guerre. Qu'elle soigne en appliquant dessus du mercurochrome qui me transforme en Indien Peau-Rouge un jour d'attaque.

De l'École alsacienne, je sors avec pour seul nouveau bagage la certitude que, en cas de rixe, il vaut mieux se retrouver à quatre contre deux qu'à deux contre quatre, et surtout ne pas tourner le dos aux fauves.

Je crois avoir de mon côté laissé, hormis de mauvais souvenirs aux enseignants, la passion du foot grâce à une politique dynamique de promotion que j'ai menée au risque de dévier mes camarades d'une sagesse à laquelle, cependant, ils ne me paraissaient pas être spécialement attachés.

Cette publicité gratuite que je fais pour ce sport passe par de nombreuses démonstrations. J'ai une préférence pour le rôle de gardien de but, qui me permet de bloquer des balles en me livrant à de remarquables et inutiles plongeons qui ne manquent pas de faire forte impression, d'amuser la galerie et de perturber légèrement l'ennemi.

Mais les qualités que j'affiche dans le domaine sportif n'ont pas suffi à convaincre les huiles de l'École alsacienne de me garder dans le temple. Au contraire de l'école Pascal, où j'ai été admis ensuite et où le directeur reconnaîtra que je ne suis pas intégralement mauvais. Il consentira à ne pas me virer, pour ma seule aptitude à taquiner le ballon, et rassurera mon père qui l'interrogera sur la possibilité d'un avenir pour moi en s'exclamant : « Vous en ferez un très bon gardien de but ! »

Dans ce collège à l'indulgent proviseur, sis en plein Auteuil, boulevard Lannes, où les élèves proviennent de milieux très privilégiés, la rigidité et l'hypocrisie me paraissent être plus justement dosées que rue Notre-Dame-des-Champs. Je ne ressens pas davantage de goût pour le temps gâché à écouter des professeurs pédants et suffisants, mais je commence à être sensible au charme des jeunes filles et à mesurer le mien.

J'ai cet âge, quinze ans, où l'instinct de conquête s'éveille et où le désir requiert un objet, la pulsion de vie un dénouement. De mes premières expériences amoureuses, j'ai de tendres réminiscences.

*

En dépit des taquineries de mes copains, je ne me rappelle pas avoir été rejeté ou perçu comme étant laid. Cette critique, dont je n'ai jamais souffert malgré sa méchanceté évidente, n'est venue sérieusement que plus tard, au Conservatoire, dans la bouche d'un professeur – encore un – qui ne m'appréciait pas. Ensuite, il a fait des émules. Et il m'a fallu souvent justifier le succès obtenu en dépit de mon physique « particulier », ou lire et entendre qu'Alain Delon et moi formions un couple antagoniste, du type « le beau et la bête ».

Je me suis accommodé, voire amusé, de cette réputation d'acteur moche, mais charmant. Lorsque ce fameux professeur du Conservatoire, Pierre Dux, m'a lancé : « Vous ne tiendrez jamais une femme dans vos bras au théâtre ou au cinéma », il ne m'a pas blessé autant qu'il aurait dû, car je sentais que je le ferais mentir. À raison. Dans mes bras, à l'écran, sont passées les plus belles femmes du monde de l'époque. Seule Brigitte Bardot a échappé, malgré de très convaincants et torrides essais ensemble, à mon pouvoir de séduction ! À l'adolescence, ma soi-disant disgrâce physique n'avait pas fait obstacle à une vie sentimentale dense et satisfaisante.

En me cassant le nez, je n'ai certes pas favorisé un retournement de l'opinion, mais plutôt donné raison à ces adultes conservateurs au parfum de naphtaline qui vous ennuient avec leurs proverbes et dictons petit-bourgeois : « Mieux vaut prévenir que guérir », « Un vaut mieux que deux tu l'auras », « Jeux de mains, jeux de vilains ». En réalité, l'incident était imputable à de simples lois mathématiques – statistiques, précisément. Vu le nombre astronomique de combats menés, la préservation complète de mon intégrité physique aurait relevé du miracle.

Je devais payer mon dû au dieu de la guerre, et c'est lors d'un épisode de pirates que je m'en suis acquitté.

Trois élèves plus âgés, de la classe de philosophie, s'en prenaient tranquillement à l'un de nos coreligionnaires, nous forçant, un camarade et moi, à intervenir énergiquement. Mais, même à forces égales, nous demeurions plus petits et vulnérables. Aussi n'avons-nous pas pu prendre le dessus, mais le dessous. Un Waterloo de poche qui s'est terminé dans des brancards. Mon acolyte a mis vingt-cinq minutes à revenir à la conscience.

Quant à moi, j'ai eu le nez écrasé comme une pomme de terre sous la fourchette d'un cuisinier. L'auteur de ce forfait s'est parfaitement évanoui de ma mémoire – et je le regrette, car j'aurais souhaité le remercier : sans mon nez de boxeur, je serais certainement resté un simple figurant. Sans lui, ma légende aurait été moins haute en couleur et mes manières courtoises de jeune homme de bonne famille n'auraient pas été contrebalancées par un petit air marlou offert par la difformité de mon appendice nasal.

On a raconté, par la suite, qu'il avait été brisé au cours d'un match de boxe. Cette erreur est née de l'authenticité de mes accointances avec ce sport.

*

63

À l'époque, j'ai deux amours : le foot et la boxe. En ce temps-là vit encore une étoile, un as des gants, une star internationale nommée Marcel Cerdan, et surnommée « le bombardier marocain ». Ses faits et gestes captent toute mon attention, j'épluche avec passion son actualité. Les dernières nouvelles, datant de juin 1948, me déplaisent du reste cordialement. Mon champion a évoqué l'arrêt de sa carrière, et cette annonce me plonge dans le désarroi le plus complet.

Heureusement, quatre mois plus tard, je reprends espoir en apprenant qu'il va disputer aux États-Unis le championnat du monde de poids moyens contre un boxeur de taille, Tony Zale. La rencontre des géants a lieu au Roosevelt Stadium de Jersey City, mais, de chez nous, il est possible de la suivre à la radio, en étant debout à deux heures du matin.

Le poste est allumé depuis une bonne demi-heure quand le combat démarre. Et, très vite, j'entends que tous les voisins de mes parents à Denfert-Rochereau veillent aussi, pour être témoins, de loin, d'un duel mythique et symbolique : le petit Franco-Marocain agile contre le géant américain. C'est le choc attendu. Aucun des deux ne veut lâcher ; ils s'affrontent avec une force rare et sauvage, se rendant coup pour coup, impitoyables et majestueux. Ils vont chercher la victoire avec leurs poings, leurs jambes, tout leur être. Ils sont beaux et terrifiants dans cette lutte sans merci.

Finalement, au onzième round, c'est Zale qui plie sous l'obstination de son challenger, Cerdan. Et c'est l'immeuble tout entier qui tremble sous la clameur immense.

En chœur, les Français, survoltés par ce combat qui a les a tenus éveillés toute la nuit, et fous de joie de son issue, laissent échapper un cri d'une puissance improbable. David a mis Goliath K.O.

Cet exploit du héros national me pousse, dans la matinée qui suit, à m'inscrire dans une salle de boxe. Il n'y en a pas à Denfert-Rochereau. Mais j'en connais deux susceptibles de faire de moi un bon boxeur : le Boxing-Club de Pantin et l'Avia Club de la Porte Saint-Martin. C'est dans cette dernière salle que je débarque, car je suis bien renseigné. Je sais que c'est là que les bons s'entraînent, ceux qui se battent dans les salles prestigieuses.

En choisissant ce quartier où les immeubles tiennent à peine debout sur leurs murs lépreux, où se pressent travailleurs et ivrognes sans le sou, malfrats à la petite semaine, immigrés besogneux, demi-mondaines lascives, je m'éloigne avec un certain bonheur de l'ambiance sclérosée et liberticide de l'arrondissement bourgeois où se trouve mon collège.

L'Avia Club ressemble à une tanière. Planqué au fond de l'impasse René-Boulanger, dont les pavés vieux comme Hérode se sont tous déchaussés, il n'existe que pour ceux qui le connaissent. Un escalier en fer bruyant, qui menace à chaque marche de s'effondrer, conduit à une grande pièce où deux rings usés se font face.

Des cordes, défraîchies elles aussi, pendent pour les délimiter. Et l'odeur, une fois là-dedans, prend à la gorge. Un mélange de sueur, d'humidité que la présence d'un poêle faiblard ne résout pas, de sable, et de pieds. En bref, des senteurs de gymnase centenaire pratiqué par des myriades de chacals, qu'il faut être bien motivé pour supporter. On ne tombe à l'Avia Club par hasard.

J'y trouve un maître formidable, Dupain, qui m'enseigne les nombreuses subtilités d'un sport qu'il considère comme un art, proche de l'escrime par sa noblesse. Il développe chez moi l'embryon de talent que la passion et les occasions dans les cours de récré, ont engendré. Et me convainc de participer dans la catégorie poids légers à des championnats amateurs, ce que je m'efforce de dissimuler à mes parents que je risquerais d'inquiéter.

La boxe n'a jamais très bonne réputation auprès des proches du boxeur. Le danger d'être plus défiguré qu'avec un nez broyé, d'être trépané par un mauvais crochet sur la boîte crânienne, ou de devenir tétraplégique, rôde dans leurs fantasmes.

À cette époque, je prévois même de passer professionnel. Je fais preuve d'une motivation sur le ring aussi féroce que dans la cage d'un terrain de foot, avec l'application en plus. Je bosse dur à l'Avia Club : je fortifie mes jambes et mon agilité s'accroît.

J'ai pour moi d'être un jeune homme assez alerte pour qui la rapidité d'exécution est naturelle. Je n'ai pas à beaucoup me forcer pour aller vite et surprendre mon adversaire. Mon assiduité, couplée aux précieux conseils de Dupain, me permet de prétendre en faire mon métier. Quelques victoires dans des combats amateurs valident mon projet et les matchs de professionnels auxquels j'assiste dans des salles légendaires, tels le Palais des Sports, la Salle Wagram, le Central, le Stadium, l'Élysée-Montmartre ou le Ring de Pantin, ne font qu'attiser ma passion.

A posteriori, je crois que je n'aurais pas été un grand champion si j'avais persévéré dans mon intention. D'abord, je détestais prendre des coups, ce qui est un peu gênant lorsque l'on veut être boxeur. Et puis, contrairement à mes amis du Club, je n'avais pas assez la rage. Pour cela, il faut avoir souffert un peu, avoir eu faim, être animé par l'instinct de survie de celui qui n'a rien à perdre, par la nécessité qui bande vos muscles, fortifie votre cœur, vous aide à soulever des montagnes, à renverser des titans. J'avais été un enfant bien trop heureux et un adolescent beaucoup trop gâté pour receler en moi cette colère d'homme qui va jusqu'au bout, malgré les douleurs qui vous transpercent le corps et la tête.

À l'issue de ma courte participation au monde de la boxe, mon bilan n'est pas mauvais, sans être étincelant. J'ai à mon actif cinq victoires, sur neuf combats. L'honneur est sauf. Et puis, des soucis de santé transforment ma non-vocation en nécessité.

À la fin de l'année scolaire au collège Pascal, où j'ai surtout perfectionné mes plongeons dans les buts où je règne, le médecin me diagnostique une faiblesse aux poumons, une primo-infection. On ne plaisante pas avec ce qui ressemble à une tuberculose et risque de me condamner à respirer trop bruyamment, à avoir pour le restant de mes jours, comme dans *Marius*, les poumons qui font « drelin-drelin ».

D'après les médecins, il n'y a pas d'autre remède à ce mal – qui inquiète fort mes parents – que le grand air, la montagne magique. Aussitôt, ils m'exfiltrent de Paris et de son atmosphère trop chargée pour mes petits alvéoles souffrants, et m'envoient dans le Cantal, à Allanche.

Alors que je crains fort de m'y ennuyer, loin de mon foot, de ma boxe, de mes copains, je m'acclimate à merveille à la paisible existence dans les hauteurs et ne regrette pas une seconde mon quotidien de citadin. Là, dans les verts pâturages, on n'exige pas grand-chose de moi, si ce n'est de garder des moutons en rêvassant, ou plutôt de rêvasser en gardant des moutons. Le reste du temps, je mène une vie sociale des plus intenses.

Je me lie vite avec les gars du coin. Ils sont sympas, assez sportifs, partants pour faire des courses de vélo et faire des coups. On invente par exemple le Tour des villages du coin et, si nous ne bénéficions pas de la même foule de spectateurs que les cyclistes officiels du Tour de France, nous avons le même courage à braver les montées un peu drues du relief de montagne.

Quand nous sommes trop fatigués pour nous mesurer au chrono, nous traînons dans les kermesses de village, où se trouve toujours une jolie jeune fille du cru, rose et saine, à charmer, ou bien un concours de boniments que je suis prêt à gagner, conforté par mon expérience de Piriac.

En bref, tout est bon dans le Cantal.

Un vrai paradis pour un garçon comme moi que l'étroitesse des salles de classe oppresse et auquel on reproche inlassablement « un trop-plein d'énergie ».

Là, je suis sans cesse au grand air, sans surveillance, quasi livré à moi-même et libre d'occuper mon temps en fonction de mes goûts. Qui vont au vélo, puis, quelque temps après mon arrivée, à la fille du chef de gare. J'ai souvenir qu'elle était gironde et que notre premier baiser fut agréable. Le prénom, j'avoue l'avoir oublié.

Je passe des journées formidables, partagées entre le repos à l'ombre des grands arbres avec mes amies mammifères et leurs gardiens, et la construction de cabanes en bois qui me donnent la sensation d'être un aventurier échappé sur une île déserte.

Je fréquente les paysans des patelins alentour, qui sont toujours prêts pour une partie de bagatelle quand ils en ont le loisir, mais dont les qualités sont panachées de quelques traits plus contestables tels que l'avarice, la dureté méchante et la sournoiserie. Leurs manières font de ces défauts des curiosités dont je ne me lasse pas, les comparant à celles des citadins. Ils ont l'hypocrisie franche et la grossièreté distinguée.

À frayer avec eux, je finis par les aimer en toute connaissance de cause, tels qu'ils sont. Ce que l'on ne supporte pas chez certains, on le tolère jusqu'à l'apprécier chez d'autres. Un citadin qui serait méfiant comme l'est, culturellement, un vigneron bourguignon, mériterait qu'on lui casse la gueule. Les vertus et les vices sont bien relatifs !

Je suis si emballé par mon nouveau cadre, à perte de vue, et mes diverses activités rurales, que je commence à me figurer d'y demeurer.

*

Toute ma vie, j'ai eu en moi une bipolarité non pathologique qui me fait aspirer en même temps à deux modes d'existence parfaitement antagonistes.

Un premier appétit m'entraîne à mener une vie de bamboche, à brûler mes forces comme une cigarette, à faire sauter tous les cadres, y compris horaires, en inversant le jour et la nuit, à consumer les choses et liquider les bouteilles de whisky, à multiplier les canulars, à pousser la vitesse à son maximum, à jouer aux jeux dangereux de l'argent, de l'amour et de l'oisiveté. En cela, je suis un enfant de Saint-Germain-des-Prés, de son époque grandiose, après guerre, de son Flore avant qu'il ne soit fané, et de ses Deux-Magots encore riches d'oiseaux rares et de surprises.

Mais, de l'autre côté, je rêve de tranquillité sous un ciel clair, de me retirer du monde et du bitume pour m'étirer en face de quelques vaches. La compagnie de ma famille suffit amplement à mon bonheur et la modestie chaleureuse des petits logis en bois me convient davantage que la prétention des palais. Laisser couler les jours me semble être une occupation idéale, parce qu'essentielle.

*

Mon séjour à Allanche vient caresser cette moitié de moi qui prétend au calme et à la sagesse. Comme j'ai pour la demi-mesure une forme de mépris amusé, j'irai même jusqu'à écrire une lettre enflammée à mes parents, leur déclarant que ma place est auprès des moutons et que je fais le projet de devenir berger.

Évidemment, après l'expression de mon vœu, je ne manquerai pas de signer la lettre d'une petite faveur : « Avancez-moi un peu d'argent, je vais acheter une ferme et un peu de bétail. J'ai trouvé ma voie, je vais me faire paysan. »

Aujourd'hui, j'imagine ma pauvre maman, horrifiée par l'idée que mon rétablissement physique m'avait coûté ma santé mentale, et me souviens de ses réponses, douces et habiles, grâce auxquelles elle espérait me faire redescendre de mes alpages sur la terre ferme.

Finalement, elle a eu gain de cause.

Les concours de bonimenteurs et les hurlements de rire des camarades m'ont rappelé le plaisir incommensurable que je prenais depuis toujours à me donner en spectacle. Et le silence des sommets a achevé de laisser émerger mon plus ancien désir et de l'amener jusqu'à ma conscience. Alors, contre toute attente, mon plan a brutalement changé.

Un beau jour, je prends un train pour Paris afin de régler mes affaires, d'organiser mon déménagement et de dire adieu à mes copains. Je compte sincèrement n'y rester que les quelques jours nécessaires à la logistique de ma transhumance et à la courtoisie des départs. Mais, à la gare, mon père m'attend. Avec son large sourire, il m'écoute décrire les attraits de la montagne, se montrant plutôt réceptif aux arguments que je déploie comme pour me persuader moi-même. Après quelques instants, alors que nous sommes encore dans le hall de la gare, il me pose une question synthétique, réduite au minimum : « Qu'est-ce que tu veux faire exactement ? », mais suivie de réponses possibles présentées comme des questions : « Tu veux voir fleurir les coquelicots comme tu nous l'as écrit ? Tu veux devenir pilote d'essai pour assouvir ton amour du risque et des grands espaces ? Tu veux passer tes bachots et entrer à la Sécurité sociale ? »

Je ne me rappelle pas les autres perspectives incongrues que mon père a eu ce jour-là l'ingéniosité de me proposer, mais je sais que cette ruse du « par défaut » m'a éclairé sur le caractère inadéquat de mon ambition. Soudain, à l'instar de Paul sur le chemin de Damas, l'écaille m'est tombée des yeux : ma décision était là, si ancienne et pourtant toute neuve et belle, évidente. J'ai répondu : « Papa, je veux être comédien. »

C'est bien ce que je voulais, au fond, depuis mes cinq ans. Il n'avait jamais été question qu'il en soit autrement. Mais parfois, quand les vocations se manifestent trop tôt, elles semblent quasi suspectes et mettent le temps qu'il faut pour être respectées. Être comédien était une seconde nature. Je n'avais jamais vraiment besoin de me forcer pour faire le pitre, pour endosser des personnages inventés, pour susciter des réactions chez tous ceux auxquels je distribuais d'office le rôle de spectateurs. Je devenais en un éclair un petit Anglais, un vendeur de slips, un berger, je revêtais toutes les formes qui se présentaient à moi, déterminé à jouer, à empêcher le sérieux de prendre possession de ma vie.

Il n'y avait pas d'autre moyen de rester dans l'enfance, de privilégier l'amusement sans être condamné à Sainte-Anne et mis au banc de la société des gens ordinaires. Et il n'était pas question d'intégrer ce groupe majoritaire en consentant à devenir adulte et chiant comme la pluie.

Mon père n'a pas perdu son sourire, comme on aurait pu le craindre. Objectivement, il n'était pas moins excentrique de désirer être saltimbanque que berger. Aucune de ces deux professions n'avait particulièrement bonne réputation auprès des parents soucieux de stabilité et de garanties de réussite sociale.

Papa n'a pas pris cet air catastrophé qui aurait défiguré n'importe quel parent en écoutant son fils crier avec des accents quasi mystiques dans la voix : « Je veux être comédien. » Il s'est contenté de quelques phrases justes, bienveillantes et même encourageantes : « Très bien. Je ne veux pas contrarier tes désirs. Je te suppose assez clairvoyant pour envisager les difficultés que tu vas rencontrer. Essaie et cours ta chance… »

6

Un vrai métier

Nul.

Le mot est tombé sur moi avec une puissance qu'il n'a jamais eue. Combien de fois pourtant l'ai-je entendu auparavant, ou lu sur mes bulletins scolaires ? Il n'y a qu'en matière sportive que j'ai pu échapper à ce qualificatif.

Mais, jusqu'alors, je n'en avais que faire, pour l'écrire poliment. Ne prétendant à rien, je m'habituais à tout et demeurais totalement insensible aux appréciations ou étiquettes qui me délivraient toutes des badges de cancre, d'inadapté à la vie scolaire, d'élève remuant, dérangeant et dérangé.

Le mécontentement, la déception, tous sentiments désagréables que j'avais l'air de susciter chez le personnel encadrant, ne me troublaient pas, mais me laissaient aussi froid qu'un poisson congelé ou, mieux, m'amusaient. Je jouais à faire l'idiot, à décontenancer les adultes qui cherchaient à m'évaluer, à manipuler ceux qui tentaient de me maîtriser par la ruse.

À l'époque où je traînais encore mes shorts dans les locaux du collège Pascal, mon père avait fini par être touché par les remarques désobligeantes de professeurs à mon sujet et avait voulu vérifier que je n'étais pas aussi idiot, indécrottable, débile léger qu'ils le prétendaient. Il avait cédé à la tentation de me faire passer l'un de ces fameux tests de quotient intellectuel qui faisaient alors déjà fureur. C'est l'un de ses amis ingénieurs qui était responsable de mon évaluation. Le pauvre. Il n'avait jamais vu ça.

L'exercice consistait en une batterie de questions dont les réponses étaient censées trahir mon profil psychologique, mon intelligence et l'orientation qu'il conviendrait de me donner. Mais je n'avais aucunement l'intention de me soumettre à ce genre de cirque. D'autant que je n'accordais aucun crédit à ce type d'analyse psychologique. Leurs grilles symboliques sont si rudimentaires qu'elles en sont drôles : le dessin d'une maison avec plein de fenêtres et un grand ciel bleu garantit que l'individu concerné est idéaliste, ambitieux, structuré, et qu'ainsi il a toutes les chances de réussir sa vie, alors que le dessin d'une maison avec des barreaux ou ressemblant à un terrier signale que l'individu en question est dangereux, négatif, toxique, et qu'il est préférable de l'empêcher immédiatement de nuire.

Naturellement, donc, j'étais obligé de faire l'abruti. J'ai veillé à être le plus possible à côté de la plaque, à satisfaire la curiosité de l'ingénieur d'un amas de bêtises créatives.

Le type était affolé et, quand il a fait son compte rendu à Papa, il a précisé que, si je n'avais pas été son fils, il m'aurait envoyé *manu militari* à l'hôpital psychiatrique le plus proche pour qu'on m'y interne. Son diagnostic était sans appel : j'étais fou et j'avais un grave défaut d'intelligence. J'étais un cas d'école. Un demi-monstre à habiller d'une camisole.

Mon père, lui, avait compris que je m'étais amusé pour qu'on me foute la paix, qu'on n'essaie surtout pas de me contenir, de me délimiter. Et il avait vu dans mon stratagème la preuve de mon habileté à jouer la comédie.

Mais là, c'est différent. Cette fois, nul, je ne l'ai pas été volontairement. J'espérais l'inverse. J'ai même travaillé pour en arriver à ce verdict terrible. Quatre jours et quatre nuits.

La perspective d'avoir pour juré unique une pointure du théâtre telle qu'André Brunot, monument quadragénaire, ex-doyen de la Comédie-Française qui partageait l'affiche du *Bossu* avec Pierre Brasseur au Théâtre de l'Odéon et avait été un grand Cyrano de Bergerac, me faisait particulièrement peur.

D'ailleurs, au moment de me mettre en route vers l'appartement du grand homme, je ne voulais plus y aller. Il a fallu que mes parents me supplient pour que je consente à dépasser mon trac. Une fois sur place, André Brunot n'était pas disponible et l'attente a lâché la bride à mon angoisse. Une fois devant lui, j'étais aussi mal à l'aise que si l'on m'avait découvert nu et ivre en train d'embrasser un pot. Comme le vieil homme était humain, affable et gentil, il m'a incité à me lancer directement : « Vas-y, mon petit, je t'écoute. » Et, là, ma peur s'est évanouie. Malheureusement. Il aurait été préférable que je reste plus timoré, j'aurais ainsi évité l'écueil de l'outrance.

Ça n'a pas duré longtemps. Je n'ai pu dire que le début de la fable de La Fontaine qu'il m'avait demandé d'apprendre. Mais ces premiers vers du *Savetier et du Financier*, je les ai déclamés de tout mon cœur, avec panache et grandiloquence. Je m'impressionnais moi-même. Quand Brunot m'a arrêté, j'ai cru que c'était parce qu'il en avait assez vu pour me déclarer apte à être comédien. J'attendais ses compliments, que je reçus comme une correction donnée par une congrégation entière de jésuites. Il commença par : « Nul. » Puis il entra dans les détails et m'attribua la palme du massacre de fable en me suppliant de choisir une autre destinée que celle des planches, par exemple les expéditions polaires ou l'industrie privée. Il ajouta même que j'étais exceptionnel dans le mauvais, puissant dans la nullité.

Le pire, c'est que cet homme était connu pour sa clémence, sa douceur et sa gentillesse. En plus, étant un ami de mon père, il était bien disposé. Ce qui signifiait que j'avais dû passer le mur du son de l'incompétence pour qu'il insiste autant, aussi clairement.

À la fin de l'entretien, je rentre chez moi très abattu. Mes parents m'attendent ; ils savent, pour avoir reçu un coup de fil d'André Brunot, que j'ai lamentablement raté mon audition. Le grand comédien a, en des termes surannés, souligné mon incompatibilité totale avec ma voie : « Persuade ton fils de ses errements. Il me paraît être constitué pour un métier manuel. »

Sa deuxième phrase tend cependant à décrédibiliser la première, sachant que je n'ai jamais réussi à planter un clou sans m'arracher la main. La honte et la tristesse d'avoir échoué finissent même par me chasser dans ma chambre, où je passe la nuit à pleurer toutes les larmes de mon corps.

Au matin, en me voyant le visage chiffonné par cette douloureuse insomnie, Maman m'offre la solution : « La volonté, mon petit. Tu veux le faire, n'est-ce pas ? Être comédien ? Eh bien, tu y arriveras ; tu le feras, tu verras. »

Quant à mon père, lui, il estime très rationnellement que mon affliction est saine, qu'elle prouve la fermeté de mon désir d'être comédien. Mes larmes, selon lui, sont de bon augure pour la suite.

Et, en effet, je n'admets pas la sentence du bonhomme. Je me suis planté, oui, mais parce que cette fable-là ne me convient pas. Qu'on me donne autre chose à dire, et on verra ce qu'on verra. Et même La Fontaine, ses fables les moins plaisantes, avec du travail, je n'en ferai qu'une bouchée.

J'en apprendrai quarante. Les moins drôles et les plus ardues. Celles qui sont compliquées à la lecture seule, celles qui ne sont pas fluides.

J'ajoute aux œuvres du moraliste les trois quarts de *L'Aiglon* d'Edmond Rostand, dont j'apprécie les morceaux de bravoure.

Pendant trois mois, je travaille d'arrache-pied, fortifiant ma mémoire, répétant sur tous les tons chacun des mots, jusqu'à me sentir prêt.

Pendant ce temps, touché par ma détresse, mon père se renseigne sur les écoles de théâtre. Il apprend par l'un de ses amis chef d'orchestre que le cours de Raymond Girard est le plus réputé et qu'il a en outre l'avantage d'être situé tout près de chez nous, à Montparnasse. Deux bonnes raisons de me décider à y tenter ma chance.

À la fois refroidi et échaudé par la séquence Brunot, je débarque au 26 de la rue Vavin avec la détermination d'un homme en sursis. J'ai retenu un passage du *Cid*, convaincu que j'ai plus de chances avec un bon texte classique. J'interprète Don Diègue, le personnage le plus vieux de la pièce de Corneille, devant un Girard stoïque. Et à peine ai-je fini que je l'entends dire un « Admis » qui efface un « Nul ».

En réalité, il me l'avouera des années plus tard, il avait eu peine à réprimer un fou rire en m'écoutant, ma dégaine, ma tête et moi, réciter des alexandrins avec des expressions tragiques et des élans lyriques. Mais, comme il ne souhaitait pas me contrarier d'emblée dans mon envie de jouer des rôles compassés de gens qui vont de toute façon mourir, il m'a confié le *Phèdre* de Racine à répéter.

Je suis si heureux d'être accepté dans le cours de Raymond Girard que je me mets immédiatement à l'ouvrage. Je me passionne pour le texte, que je grave dans ma mémoire et dans mes gestes, me préparant à impressionner mon professeur et les autres élèves qui travaillent, eux, depuis le début de l'année. Je veux casser la baraque avec *Phèdre*.

Je monte sur l'estrade pour leur tirer des larmes, mais c'est leur rire que je récolte. Dès les premiers vers, je perçois des gloussements dans la salle et un sourire s'esquisse sur le visage de Raymond Girard. Cabot-né, je ne peux chercher à susciter d'autres réactions, quelles qu'elles soient – pleurs, attaques cardiaques, crises d'épilepsie, pâmoisons, tremblements de joie, colère hystérique, coma éthylique…

Soit, puisque je les fais marrer, mieux vaut continuer. Et c'est ainsi que je me retrouve à caricaturer mon personnage tragique, à le décaler vers le comique en exagérant mes mouvements, en laissant des silences, en usant d'onomatopées, en imitant de loin mes maîtres Jules Berry et Michel Simon. Je suis ravi d'entendre la salle se gondoler, avec le désir de prolonger la pièce. Mais il fallait bien que Racine clôture ses scènes. Raymond Girard me complimente, affirmant que j'ai un évident talent comique, que je suis né pour ça.

Enfin, je suis compris. Et il n'a pas l'air de ranger la comédie dans une catégorie inférieure à la tragédie où la légende conduisait tous les apprentis comédiens ambitieux. Et puis, pour la première fois de tout mon passé d'élève, je suis réceptif à l'enseignement : j'y vois d'innombrables richesses, je ne m'endors plus à côté des radiateurs, je ne me bats plus à la moindre occasion. Mes bons rapports avec l'autorité, incarnée par Raymond Girard, sont eux aussi inédits. Ses conseils me paraissent judicieux, solides et intelligents. Il m'encourage avec douceur et finesse, et me transmet les bases du métier, m'apprenant à déclamer, à me positionner dans l'espace, à poser ma voix et à jouer avec.

Surtout, il sait que je ne suis pas ce nul incurable, ce jeune homme sans avenir ; il a vu mon énergie, ma volonté décuplée, mon goût immodéré pour les planches. Quand il se moque, il reste dans le cadre de la bienveillance, et le sobriquet de Nounours dont il m'a affublé ne me vexe pas le moins du monde.

Il n'est pas du genre à se fâcher, parce qu'il n'en est pas vraiment capable ; et, quand un motif de mécontentement survient, il lui faut faire des efforts pour l'exprimer fermement.

Alors que, à cause de moi, la majorité de ses élèves s'est fait porter pâle à l'un de ses cours du dimanche matin, il a du mal à m'engueuler correctement le lundi. J'ai organisé une grosse fête, folle et alcoolisée, dans l'atelier de mon père le samedi soir. La plupart de mes congénères de la rue Vavin ne l'auraient manquée pour rien au monde – pas même un dimanche matin avec Girard ou une entrée au Conservatoire en sautant le concours.

La gueule de bois collective qui en a résulté m'a naturellement été imputée, tout comme la métamorphose de mes camarades, passionnés par leur art, en loques. Je ne suis jamais peu fier de ce genre d'exploits, qui sont aussi jouissifs que de retourner un public. Je suis jeune, j'en ai l'arrogance racée.

Nous sommes quelques-uns comme ça, dans le cours, à prendre au sérieux notre désir de tout changer, de laisser notre marque. On s'assoit aux tables de la Coupole pendant des heures, consommant le moins possible, et inventant un monde dans lequel nous sommes déjà importants, déjà célèbres. Nous sommes Dullin ou l'un de ces maîtres du Cartel. Nous sommes des artistes qui vont briller de mille feux, qui vont compter. C'est écrit sur les pavés de Montparnasse où nous musardons avant de gagner la rue Vavin en fin d'après-midi pour écouter Girard nous dispenser les recettes miracles pour devenir les prodiges qui vont intégrer directement le Conservatoire.

En attendant, Papa me voit heureux, mais trop léger. Je manque de bagages. Je n'ai pas mon bac, ni aucun autre diplôme susceptible de me rattraper si je ne perce pas dans la profession hautement aléatoire de comédien. Les cours de théâtre me laissent du temps libre qui, dans mon cas, ne le reste jamais bien longtemps, perpétuellement occupé à se rendre agréable.

Pour me dispenser de cette trop grande créativité dans mon emploi du temps, Papa me déniche un boulot à la hauteur de n'importe quel idiot : je suis chargé de confectionner des boîtes dans une entreprise de paquetage place Clichy. On m'a fait miroiter, si je m'y investis, un poste beaucoup plus élevé. Autant dire que j'y ai été aussi sensible qu'un gars de la Légion étrangère à un roman courtois. Je fais évidemment du pis que je peux. J'entraîne le quota de perte de matériel dans une ascension vertigineuse. Et onéreuse. Ce gâchis de boîtes en carton dont je m'efforce de maintenir le rythme contraindra la direction, au bout de deux semaines, à me renvoyer.

Comme d'habitude, mon père aura droit à l'avis du patron qui lui a rendu service en m'embauchant et, pour la énième fois, quelqu'un sera effaré de mon niveau élevé d'inaptitude et de maladresse. Que je ne sois pas capable de fabriquer une simple boîte avec des éléments prédécoupés prouvait que, définitivement, je n'étais « bon à rien » !

Mon père ne le croit pas, mais il n'insiste plus pour que je mette un œuf dans un autre panier que celui du théâtre. De mon côté, je n'ai plus d'autre alternative que de réussir dans cette voie escarpée et de rassurer mes parents, qui méritent une certaine tranquillité d'esprit que mon cheminement chaotique leur ôte de temps à autre.

Je déploie tout mon talent pour me faire embaucher dans des pièces, pour leur prouver qu'ils n'ont pas tort de me laisser libre. Même quand je vais si vite que je peine à me rattraper.

Et, à force d'efforts et d'auditions, je décroche, en interprétant *Les Fourberies de Scapin*, un beau rôle dans un spectacle tiré de *La Belle au bois dormant* : *Le Prince charmant*. Non seulement j'ai hérité du personnage le plus sympa de la pièce, mais en plus je suis rémunéré pour cela. Pour la première fois, je touche un revenu de ma passion.

Je passe un fort appréciable mois de juillet 1950 à me produire sur la scène de plusieurs lieux parisiens qui ne sont pas des théâtres, plutôt des maisons de retraite et des hôpitaux. L'épisode m'encourage à m'obstiner en subissant le parcours du combattant-acteur, l'épuisante tournée des auditions, ces épreuves de patience humiliantes qui lasseraient même un moine bouddhiste zen, mais qu'il est obligatoire d'endurer pour obtenir un petit rôle quelque part, n'importe où.

J'ai, heureusement, assez de motivation et d'énergie en moi pour ne pas me laisser abattre par le nombre de refus essuyés en comparaison des réussites. Persévérer est l'axiome ; espérer, une religion.

L'été d'après, je suis récompensé pour avoir marché sur des clous. On m'accepte dans une comédie d'André Haguet, *Mon ami le cambrioleur*. Une tournée de la pièce est prévue dans les Pyrénées, ce qui me réjouit au plus haut point, moi qui ai tant aimé mon séjour montagnard. Et, comble de chance, je découvre que l'un de mes partenaires me ressemble en tous points.

Il ne se trouve pas à Paris depuis longtemps, venant d'Algérie, et officie, lui, à l'école de la rue Blanche. Sur son visage, il porte l'envie de ne rien prendre au sérieux ; il a l'œil qui frise, même quand il se tait, et je peux lire dans son silence la vanne qu'il s'apprête à me sortir et le coup à préparer. Guy Bedos, mon *alter ego*. À nous deux, nous avons vite formé une bande entière, agitée, créative et incontrôlable.

Au bout de quelques jours de *Mon ami le cambrioleur*, je bénis le ciel de ne pas m'avoir laissé sans camarade dans d'abyssaux moments de solitude. Car nous jouons dans des lieux qui n'ont pas grand-chose à voir avec des théâtres, certes plus pittoresques les uns que les autres, mais surtout vides. En tout cas, les soirs où nous nous y produisons.

Nous écumons ainsi les bars tenus par trois vieux piliers, blasés et bougonnant dans leur barbe décolorée par l'eau-de-vie, les granges sombres et poussiéreuses où nos costumes se tapissent de paille et nos souliers de crotte, et les garages où il arrive que les propriétaires viennent récupérer leur voiture en plein milieu de la pièce.

La tournée a été organisée pour animer les congés payés des familles françaises qui ont opté pour les Pyrénées, chasser l'ennui de leur existence estivale où ils tentent d'apprendre la paresse après avoir sué toute l'année comme des bêtes de somme. Mais lorsqu'ils se trouvent là, devant nous, par hasard, ils se révèlent assez hermétiques à notre histoire de cambrioleur, nous tournant carrément le dos, voire se levant pour s'éloigner de nous qui les empêchons de s'entendre avec nos voix de comédiens parisiens, ou, encore mieux, nous jetant des projectiles du type avions en papier. Chaque soir est un joyeux désastre (que nous essayons d'oublier en nageant dans une ivresse épaisse).

Un soir, nous frôlons le fond de la misère du comédien. Je ne sais à quel alcool local l'acteur principal avait goûté, mais il intervertit le premier et le dernier acte, sacrifiant de fait le premier et réduisant la pièce à peau de chagrin, totalement incompréhensible pour notre public pelé. Lorsque le rideau tombe après quinze minutes de représentation et d'actions rendues obscures par l'amputation de la situation initiale et des péripéties, les spectateurs réagissent au plus mal.

Le volume des sifflements, des « Ouuuuuuhhhh », et la densification de l'espace aérien traversé par nombre d'objets, plus ou moins coupants, nous font craindre une lapidation collective. Pas le choix : il faut improviser pour nous éviter de rentrer blessés à Paris.

Nous quittons l'espace qui fait office de coulisses et rejoignons aussitôt le public, devant lequel nous commençons à faire les couillons. Je me mets spontanément dans la peau d'un comique célèbre de l'époque, Roger Nicolas, qui fait des sketchs très amusants, dans lesquels il raconte des histoires qui démarrent invariablement par : « Écoute, écoute... » Il fait des têtes de fou sous son chapeau, en faisant rouler ses yeux dans leurs orbites.

En quelques minutes, les spectateurs, prêts à nous lyncher, se mettent à rire bruyamment. Le spectacle est sauvé. Mon acolyte de bouffonneries se lance, lui, dans des improvisations hilarantes qui manifestent la richesse de son imagination débridée. Les gens sont satisfaits, ils sont divertis.

En dépit de cette liberté dont nous profitons pour nous exercer à être drôles en complétant *Mon ami le cambrioleur* ou en reprenant le fameux duo Pierre Dac/Francis

Blanche dans le sketch du Sar Rabindranath Duval à qui il est demandé : « Vous pouvez le dire ? », et qui devine tout et n'importe quoi, sur la place des villages, nous demeurons frustrés de végéter dans des salles de dernière zone, et supportons difficilement, Guy et moi, la vie de camping.

Tous les jours après le spectacle, il faut monter une tente à l'endroit, alors que les verres d'alcool engloutis nous altèrent autant que désaltèrent, nous empêchant souvent de nous rappeler nos prénoms et le lieu où nous sommes, et que la chasse aux jeunes filles nous a fatigués.

En outre, dormir sans matelas est un plaisir que je laisse volontiers aux ascètes du monde entier et je dois avouer que me plier aux corvées contrarie fort ma nature qui, à l'air libre, se laisse couler.

Pour finir le tableau, nous sommes très déçus, mon copain et moi, de n'être pas reconnus pour nos qualités vocales dont nous donnons la preuve à la terrasse des bistrots, le soir, chargés comme des canons allemands. Les individus qui pourraient se sentir flattés d'être gratifiés de tant de beauté, et nous récompenser de quelques deniers, nous maudissent plutôt et cherchent à nous chasser par tous les moyens.

En un mois, nous ne jouons qu'une seule fois dans un vrai théâtre. À Amélie-les-Bains. Nous sommes tout à la fois contents de pouvoir nous prendre au sérieux, et exaspérés. Le contraste flagrant entre les endroits tristes où nous avons dépensé notre énergie jusqu'alors et la scène authentique, avec son rideau, ses coulisses, ses coursives, ses éclairages, nous plombe. Ce soir-là, nous savons ce que nous avons à faire en rentrant à Paris : intégrer le Conservatoire pour que notre carrière décolle, et ne plus nous retrouver dans des plans aussi foireux que cette tournée pyrénéenne. Ce haut lieu du théâtre est le *nec plus ultra* de l'apprentissage, et la voie impériale pour passer les portes de la Comédie-Française, sanctuaire que seuls les très bons pénètrent. Nous en serons, de ceux-là. Ou nous ferons autre chose. C'est le pacte. On se serre la main, et on se promet que ce sera : « Le Conservatoire, ou rien ! »

Nous rentrons à Paris dans un camion à farine, de quoi nous faire courir au concours d'entrée qui aura lieu le 15 octobre suivant. Raymond Girard, depuis deux ans, m'y prépare, puisque c'est l'objectif plus ou moins implicite de la plupart des cours de théâtre. Mais, jusqu'alors, la nécessité de m'y présenter ne m'était pas venue aussi nettement à l'esprit.

Je connais la difficulté des épreuves qu'il s'agit de remporter l'une après l'autre jusqu'au bout pour être lauréat parmi les neuf cents candidats qui se présentent en 1951. Un texte classique est exigé, et le ou les passages devant le jury peuvent être interrompus abruptement par le son d'une clochette, qui a la même signification qu'un roulement de tambour avant une exécution. Le système, vu le degré de convoitise, est impitoyable.

Je franchis haut la main les deux premiers jalons, mais le troisième, plus ric-rac, avec une scène de *L'Avare* qui n'obtient que sept voix, le minimum vital pour rester dans la course. M'est donc ouvert le quatrième et dernier tour, celui qui peut me permettre d'entrer dans le Saint des saints, pour lequel je propose deux scènes, l'une imposée, l'autre de mon choix. Avec mes *Précieuses ridicules* et mon *Retour imprévu* de Jean-François Regnard, je tente ma chance devant quatorze jurés, parmi une vingtaine d'autres candidats sérieux.

Et je n'attrape qu'à moitié la queue du Mickey : je récolte six voix contre huit, me plaçant à égalité avec sept comédiens. Il nous est proposé un ticket d'entrée de deuxième catégorie, à savoir : assister en auditeurs libres aux cours dispensés par le Conservatoire, sans pouvoir passer des scènes devant les professeurs. L'on m'attribue – par chance, me dis-je – la classe de René Simon.

Je déchante rapidement. Ce comédien, beau comme un dieu, méprise la laideur et, plus concrètement, ses élèves dont il se moque, un à un, prenant le reste de la troupe à témoin de son humour sadique. L'éphèbe consacre ainsi les cours à perfectionner ses piques ironiques. J'ai droit, comme tout le monde, à son regard cruel. Et, contrairement à lui qui se comporte en dandy, je ne prête aucune attention à mon apparence, qui tient à ce moment-là plus du chat sauvage, maigre et agile, avec un nez de boxeur, que du jeune artiste en lice pour se faire admirer du plus grand nombre. La salve acerbe qu'il me balance s'inscrit dans un registre assez peu noble, puisqu'il ne peut s'empêcher de m'égratigner à propos de mon physique particulier, soulignant qu'il est inconcevable d'être comédien avec une gueule pareille, riant de mon air bourru qui lui donne l'impression que je suis sur le point de débiter des gauches rapides et efficaces plutôt qu'un texte de Marivaux.

En clair, il décourage plus qu'il ne stimule ses ouailles, comme s'il était le seul à pouvoir justifier sa profession par son immense et incomparable talent. Celle de comédien, parce que, en tant qu'enseignant, il est aussi exécrable que moi en matière de mode.

Au bout de six mois à ce rythme infernal de contre-productivité, je décide de changer les choses. Je n'en peux plus d'attendre je ne sais plus quoi, puisque aucun commentaire positif sur mes capacités de comédien ne vient étayer mon choix. Je suis résolu à affronter le jugement de René Simon, de façon à trancher et à fouetter mon destin pour qu'il se presse un peu de me mener quelque part.

On ne peut pas reprocher son incohérence à ce professeur du Conservatoire. Quand je lui demande enfin ce qu'il pense de ma vocation, il n'hésite pas cinq secondes à me laminer. Il répond précisément – ce sont des mots que l'on n'oublie guère : « Mais, mon petit, tu n'es pas fait pour ce métier ! Je ne peux rien faire pour toi. Tu ne feras carrière qu'à cinquante ans. En attendant, engage-toi dans l'armée, devance l'appel. »

Je confesse avoir une tendance à la radicalité et à l'impulsivité. Je ne l'approuve ni ne la regrette, mais elle explique pourquoi j'ai écouté le conseil dégueulasse de mon professeur et me suis engagé, dans la foulée, pour trois ans dans l'armée.

À peine suis-je incorporé et affecté à la caserne de Dupleix que je regrette vivement mon coup de tête. Tout ce que j'ai haï à l'école s'impose de nouveau à moi, puissance mille. Il me faut obéir aux ordres, respecter les horaires, veiller à être sans cesse impeccable – toutes choses que, avec ma mauvaise volonté, je me trouve dans l'incapacité de réussir. Je suis probablement la pire recrue de l'histoire des bleus ; je fais tourner en bourrique les adjudants les plus indulgents et montre un fort mauvais exemple. Au fur et à mesure que la conscience me revient, j'évalue la gravité de mon erreur et le chant des planches parvient jusqu'à mon oreille d'Ulysse du pauvre.

Après quelques jours, il m'est impossible de ne pas retourner au Conservatoire en parallèle de mes journées à la caserne. Et de ne pas retenter ma chance, à la session de rattrapage de janvier prévue pour les auditeurs libres. À laquelle j'échoue de nouveau.

Le désespoir me guette, moi qui ne réussis pas à convaincre le jury de me prendre pour de bon et qui suis maintenant condamné à porter l'uniforme. C'est alors qu'une proposition tombe du ciel, grâce à l'amitié d'Henri Poirier, l'un de mes colocataires de l'appartement du deuxième étage.

Il a lui-même glané un rôle dans une pièce qui se joue au Caveau de la Huchette, un théâtre de poche pour quatre-vingts spectateurs à Saint-Germain-des-Prés, par l'intermédiaire d'un autre élève du Conservatoire, Jean-Pierre Mocky. La pièce en question, de Cyril Tourneur, s'intitule *Glorianna sera vengée* et se veut une parodie du théâtre à costumes. Le mien, de costume, ne me va d'ailleurs pas du tout, et pour cause : il a été confectionné avec ce qui reste dans la penderie, c'est-à-dire une jupette et un casque de soldat trop grand pour moi qui se transforme en casquette.

Le ridicule de mon accoutrement ne manque pas de déclencher des rires à chaque apparition sur scène. J'interprète un soldat qui parle peu au début, et plus du tout à la fin, puisqu'il meurt en se laissant tomber sur un tas de cadavres à casque aussi. De toute façon, tout le monde meurt dans cette pièce, sauf Jean-Pierre Mocky.

Malgré le renom de la salle dans laquelle nous donnons cette *Glorianna*, elle ne charme pas grand monde. Certains soirs, il arrive que nous soyons plus nombreux sur scène, dix-huit, que dans le public. Un spectateur des premiers rangs nous fait même, un soir, l'affront de lire son journal pendant les deux heures de la représentation.

Bien que le succès de la pièce soit très relatif, je suis bien heureux d'y figurer, de me marrer en coulisses et de retrouver ce plaisir charnel du théâtre.

Glorianna est rapidement retirée du programme de la Huchette, et moi, renvoyé à mes quartiers de Dupleix, aux brimades des gradés qui me font gratter le sol avec un minuscule bout de verre, et à ma mélancolie de soldat. L'un de mes supérieurs hiérarchiques ne m'a manifestement pas du tout à la bonne et s'acharne sur moi dès qu'il en a l'occasion. Il est agacé par ma désinvolture, mon « côté artiste », qu'il me fait payer cher.

Une nuit que je suis de garde dans la guérite, je m'endors, fatigué par toutes les corvées ingrates dont le petit chef m'a accablé. Évidemment, tel le roquet qui ne lâche pas le bas de pantalon de sa proie, il surveille que je remplis bien ma mission. Quand il me voit, la tête inclinée, le fusil en berne entre les jambes, il a un réflexe de brute épaisse : il relève d'un coup mon arme, qui vient violemment cogner mon nez. Le choc me fait presque défaillir. Je sens que ma cloison nasale a été heurtée trop fort pour être indemne. Je m'en plains, mais mon bourreau me suspecte d'être un mythomane professionnel et s'obstine à m'interdire de me rendre à l'infirmerie pour y recevoir les soins dont je sais avoir besoin.

Encore une fois, c'est grâce à l'intervention d'un camarade qui a des relations à l'état-major que je parviens à voir un médecin, qui décide immédiatement mon hospitalisation au Val-de-Grâce. Mais, coup du sort qui me fera bien rire quelques années plus tard, sur le chemin de l'établissement militaire, l'ambulance qui me transportera prendra feu. On me sortira sur le trottoir, où des badauds s'agglutineront autour de mon brancard et de mon nez en sang, horrifiés et choqués par ce qu'ils croiront être les conséquences de l'accident.

À l'hôpital, mon état empire, à cause d'une infection causée par des mèches que les chirurgiens ont posées dans mon nez pour le remettre en place. Et la proximité avec des soldats esquintés en Indochine, qui hurlent d'avoir perdu une jambe, agonisent sous mes yeux, réclament leur mère, leur père, leur dieu, même quand ils n'en ont pas, est impropre à me remonter le moral.

Je suis las de rester coincé au Val-de-Grâce, mais je n'apprécie pas plus l'idée de retourner traîner mon treillis à la caserne de Dupleix. Alors je manœuvre en exigeant de l'armée une pension d'invalidité. Je deviens terriblement gênant – assez pour qu'ils fassent n'importe quoi pour ne plus m'avoir dans les pattes. Après un examen de mon appendice nasal par un conseil de médecins militaires, je suis renvoyé à des docteurs du civil.

Et comme j'en suis à un an de tortures pour troufion, durée officielle du service militaire, je parviens à me cara-pater et, enfin, à échapper à l'enfer de l'armée. Je suis libre d'essayer, pour la troisième fois, le concours maudit du Conservatoire.

Avec succès, cette fois, et de loin, en remportant dix voix sur quinze, et en sortant à la quatrième place. Je suis soulagé et satisfait de donner enfin à mes parents une caution, un signe tangible que je ne commets pas une erreur en optant pour l'art dramatique, que je ne terminerai pas nécessairement sous les ponts, imbibé de mauvais vin jusqu'à l'os.

Dans ce cru de l'année 1952 se trouvent deux individus que je ne quitterai plus, jusqu'à la mort du premier. Un dénommé Michel Beaune, jeune type jovial qui, comme moi, peut se targuer d'avoir une drôle de gueule, assez inquiétante pour lui valoir d'interpréter par la suite des personnages étranges, louches, au mieux énigmatiques. Et Jean-Pierre Marielle, qui m'a déjà été présenté par un ami commun, et que j'ai d'abord trouvé parfaitement antipathique, tout habillé qu'il était dans un style beaucoup trop sophistiqué, à l'instar des personnages des romans noirs qu'il lisait.

Dans tout le Conservatoire, il y a presque une centaine d'élèves répartis entre six classes qui mélangent les première, deuxième et troisième années. La plupart des professeurs se font appeler « maître » en raison de leur précieux savoir et de leur expérience nourrie, sauf cet abruti d'Apollon d'opérette mégalomaniaque, René Simon, qui réclame du « patron ».

Dans l'ensemble, le corps enseignant a les cheveux gris ou blancs, et appuie son autorité sur une maturité assez avancée pour être sage et savante. Le dernier intronisé parmi ces maîtres chenus est Pierre Dux qui, à quarante-quatre ans, n'a pas encore atteint le troisième âge ni ses privilèges. Car les maîtres choisissent les arrivants qu'ils prendront dans leur cours et, les plus croulants étant prioritaires, ils se servent d'abord. Et, malgré la qualité de ma prestation, clé de mon accession à ces murs fantasmés, aucun de ces honorés vieillards ne m'a délibérément voulu. Il ne restait plus que Junior, ou Pierre Dux, pour me récupérer. Il faut bien qu'on me mette quelque part, maintenant que j'y suis. Lui n'a pas l'air contre, s'il n'a pas non plus l'air pour. Je sens qu'il est presque vexé d'avoir à me récupérer sans m'avoir élu.

D'emblée, entre mon maître et moi, le courant ne passe pas. Peut-être parce qu'il me voit dans les rôles comiques de valet, qui sont précisément sa spécialité, lui qui a beaucoup endossé le costume dans les pièces de Marivaux.

Et puis, mon apparente décontraction, ma démarche de dilettante et mon unique pull à col roulé vert révoltent sa profonde rigueur. Il décide donc que je ne jouerai que les valets. Chose dont, évidemment, je me lasse au bout d'un certain temps, languissant de ne pouvoir ouvrir mon répertoire à la tragédie ou au drame romantique. J'aimerais tant m'essayer à être Lorenzaccio ou Perdican.

Dans d'autres classes, des camarades essentiels, membres de cette tribu de comédiens versés dans la dérision et la rigolade qui se soude alors, subissent le même genre de discrimination, abonnés à l'emploi de leur gueule. Jean Rochefort se retrouve sans cesse coiffé d'un chapeau pointu et caché par une longue tunique noire à jouer les médecins de Molière. À mon pauvre Jean-Pierre Marielle revient systématiquement le personnage de vieux barbon. Claude Rich, quant à lui, joue ce que le maître a joué : les valets de Marivaux.

Et moi, je suis abonné au costume de cancre. Car nous avons, en plus de nos cours de théâtre, une leçon de littérature donnée par un professeur qui n'apprécie pas toujours mes goûts de lecture. Il nous questionne un par un sur les œuvres qu'il nous a conseillé de lire et, quand mon tour vient, la conversation tourne court :

« Alors, monsieur Belmondo, qu'est-ce que vous avez lu et dont vous pouvez nous parler ?

– *L'Équipe.* »

Dans le cours de Dux coexistent en parallèle deux classes de jeunes comédiens : ceux qui sont dignes d'intérêt et détiennent le privilège d'attirer l'attention et les conseils détaillés du maître ; et les autres, les intouchables, les transparents, ceux qui n'obtiennent, après avoir chauffé l'estrade, qu'un os jeté distraitement, le regard porté ailleurs. J'appartiens, vous l'avez compris, à la seconde catégorie, ces placardisés qui n'ont d'autre choix que d'apprendre par eux-mêmes.

Il est ardu de progresser en se fondant sur des remarques pédagogiques telles que : « Qu'est-ce que vous voulez que je vous dise ? », ou : « Vous avez fait quinze vers faux. » Avec les copains, nous décidons donc de tracer notre chemin, sans prêter plus d'attention à Pierre Dux qu'il ne nous en prête. Et si nous prenons de faux plis, une manière quelque peu post-moderne de déclamer les classiques, ce n'est pas de notre fait. Car c'est bien ce qui nous amuse : exagérer pour parodier, caricaturer pour dénaturer, déplacer les textes à côté de leur sens ou, mieux, au-dessus.

Les rapports entre Pierre Dux et moi étaient donc parfaitement insignifiants et neutres jusqu'à ce qu'il émette cette fameuse prédiction fausse au sujet des femmes que je ne pourrais jamais tenir dans mes bras, des rôles de jeune premier dont je serais toujours privé.

Là, en dépit des quelques aventures qui me rassurent sur mes charmes virils, je hausse le ton. Son commentaire, qui me paraît inepte et inconvenant dans la bouche d'un maître, me fait l'effet d'un coup déloyal, au-dessous de la ceinture, ou par-derrière. Je ne lui pardonnerai jamais de s'être permis cela, pour faire le malin devant ses élèves ou pour autre chose, je ne sais pas. Peu importe.

Lui m'en voudra pour un motif plus léger, trop léger – une blague. Un jour, je m'amuse à inviter un clochard à une fête du Conservatoire. Je prétends qu'il s'agit de mon père et fais mine d'être un peu gêné de le montrer à tout le monde. Avec un air timide et rougissant, je présente le pauvre gars à mon distingué professeur. Lequel se trouve d'abord très mal à l'aise, puis s'émeut de l'indigence de mon cher et pitoyable papa. Je tiens mon rôle de fils courageux jusqu'au bout de la soirée, ce qui arrange bien mon père adoptif, presque aussi alcoolisé que moi.

Quand Pierre Dux apprend que je me suis moqué de lui, il me déclare la guerre. Certainement a-t-il dû culpabiliser, en voyant ce dernier, de faire aussi peu d'efforts avec moi, loin d'être son favori.

Le fonctionnement du Conservatoire me donne la chance de ne pas connaître, en cette première année, seulement l'enseignement de Pierre Dux. Il nous arrive d'être mis entre d'autres mains, comme celles de Jean Yonnel, avec lequel j'apprends davantage et m'amuse énormément. Pourtant, cet homme à la voix basse préfère l'extrême gravité du drame au superflu de la comédie. En plus d'être ténébreux, il est quelque peu mystique, croyant aux esprits et communiquant avec les morts. Il racontera un jour, par exemple, avec beaucoup de sérieux, que le fantôme d'un célèbre tragédien, Mounet-Sully, décédé en 1916, est venu le complimenter sur sa prestation de la veille dans *Hamlet*. Cette histoire me réjouira au point de m'amener à monter un canular.

Tandis que les élèves répétent leurs scènes avec Yonnel, je monte me cacher tout en haut du théâtre. De là, je fais de petits bruits pour capter son attention. Tout à coup, il s'inquiète : « Que se passe-t-il, là-haut ? » Alors qu'il n'attend probablement pas de réponse, il m'entend dire d'une voix d'outre-tombe : « C'est Mounet. » Mais, pour être tout à fait sûr, il demande : « Qui ? » Et je répète : « Mounet. » Alors, il me met au défi d'apparaître : « Montre-toi ! » Pour ne pas me démasquer, je tente d'argumenter : « Je ne peux pas, je suis mort. » Cette réplique produit un double effet. La classe entière part dans un fou rire et le maître, lui, comprend que le fantôme de son idole et ami imaginaire n'est que moi, le bougre Belmondo.

Hormis Yonnel, je profite aussi cette année-là des lumières d'Henri Rollan, un technicien hors pair et un maître avisé qui nous forme à la diction sans sévérité, avec bienveillance et humour. Bien qu'il soit un tragédien réputé, il est capable d'être drôle, apprécie ce qui sort du lot ou choque, n'est pas engoncé comme ses pairs dans un classicisme poussiéreux et ennuyeux. Son truc, qui nous plaît beaucoup, à mes jeunes potes et à moi, est de déclarer à ses poulains que nous sommes, mais que sont aussi de jeunes vierges du seizième arrondissement : « Travaille tes labiales à la bougie : papa, pantalon, pine de pape. » Nous pleurons de rire à chaque occurrence de l'injonction.

Non seulement il peut être hilarant, mais il a aussi le sens de la formule juste et brillante. Tandis que je lui offre ma version d'un personnage qui est resté, jusqu'à aujourd'hui, mon rôle fétiche, celui que je regrette de n'avoir pas vraiment tenu en dehors de quelques scènes – Scapin, le valet magnifique de Molière –, Henri Rollan a des mots surprenants et mémorables : « Mon grand, je t'ai demandé un Tintoret et tu me fais un Picasso », ou : « J'ai l'impression que tu me joues un air d'accordéon sur un Stradivarius. » Il m'aime bien, alors il ne me dit rien de méchant. Au contraire, il loue ma façon naturelle d'être. À la place des : « Qu'est-ce que tu veux que je te dise ? » de Pierre Dux, je reçois des : « Écoute-moi, je n'ai rien à dire. Je ne veux surtout pas détruire ça. »

En même temps qu'Henri Rollan, la chance continue de me sourire. En cette troisième année, j'assiste à la bonne classe d'ensemble, celle où l'on peut me comprendre et m'aider à me développer, avec le maître le plus extravagant du Conservatoire, et aussi le plus attachant : Georges Le Roy. Vieux sociétaire de la Comédie-Française, auteur d'un bouquin sur la diction, ancien élève de Mounet-Sully de son vivant et de Sarah Bernhardt, il dénote par son goût pour la marginalité, l'originalité. Il nous réclame de le surprendre plutôt que de lui délivrer une interprétation prémâchée et conventionnelle d'une scène.

Nous sommes faits pour nous entendre puisque j'ai l'effet de surprise pour passion. Il arrive même que je m'étonne moi-même de ce que je suis en train de faire, tant je lâche la bride à mon fameux et dangereux naturel. La liberté ne laisse personne indifférent. Mes premiers maîtres me la reprochent, les derniers – mais qui seront les premiers – en font l'éloge. Quant aux autres, mes égaux, elle les attire mieux qu'un aphrodisiaque, ou les horripile.

Le Roy vivait très instinctivement. *A posteriori*, je le soupçonne d'avoir été authentiquement fou. Il était quand même capable de se tenir sous l'Arc de Triomphe, en costume d'époque, avec des jabots dans tous les sens, une perruque poudrée et de fins souliers pointus en chintz vert d'eau. Quand la police arrivait et cherchait à contrôler son identité, il affirmait non sans une certaine emphase : « Je suis Le Roy ! » Cette excentricité extrême le rendait attendrissant et le conduisait à tolérer la dinguerie d'autrui. Aussi, quand je me livrais à des singeries spectaculaires, il ne m'admonestait pas ; au contraire, il se fendait la pipe avec nous.

Une fois, j'avais parié avec Bruno Cremer, nouvel élément ajouté à notre groupe de couillons, que j'étais capable de sauter du deuxième étage sur les rideaux. En attendant que notre prof arrive dans le théâtre, j'ai voulu prouver à mon ami mon don pour la voltige et j'ai exécuté mon acrobatie. Je l'aurais terminée dignement si le rideau avait été solide, ou réparé. Mais ce n'était pas le cas et, au moment où je l'ai agrippé, j'ai senti qu'il se décrochait au-dessus de moi et s'affalait en dessous. Je me suis explosé au sol avec toute la poussière agglutinée dans le velours depuis Mounet-Sully.

Quand Le Roy est entré, il m'a trouvé assis et noirci. Par simple curiosité, il m'a interrogé sur les causes de cette

position et de ce maquillage inhabituels. J'ai répondu :
« Maître, j'ai voulu tirer le rideau et tout s'est écroulé ! »

Une fois, il nous avait invités, Pierre Vernier et moi,
dans sa maison de campagne à Eygalières, pour travailler
avec lui. Il nous jugeait un peu trop dissipés et nous blâmait
pour notre manque total de concentration. Pour contrer ce
défaut, supposé aussi gênant chez les comédiens que chez
les chirurgiens, il avait une méthode spéciale : il m'emmenait dans le jardin, me plantait devant une magnifique
rose rouge bien éclose et me disait : « Tu vois cette fleur.
Eh bien, tu la regardes. Tu ne bouges pas, tu la regardes
comme ça, pendant deux heures. Après, tu es concentré. »
Je n'étais pas très à l'aise avec ce procédé, incapable que
j'étais depuis l'enfance de rester immobile une minute.
Mon côté contemplatif ne jouissait pas de la campagne
comme de la montagne. Peut-être manquait-il à ce tableau
rural la présence d'une vache pour agrémenter la rose d'un
mouvement léger ? Peut-être étais-je trop primesautier pour
passer deux heures à fixer une rose ?

Le séjour chez Le Roy n'avait pas été que nourris-
sant. Car, s'il n'était pas avare de judicieuses suggestions
en matière de jeu, il faisait de la rétention de bouffe. À
chaque dîner, la frustration était la même. Il s'étonnait
de n'avoir pas prévu assez, de n'avoir qu'un œuf pour
trois, et nous, nous souffrions à mort d'une faim tenace
dont nous savions qu'elle ne serait pas plus comblée le
lendemain que le surlendemain.

Régulièrement, Gérard Philipe, qu'il côtoyait, séjournait dans cette maison et, pour se concentrer, s'enfermait à clé dans sa chambre. Le Roy, nous voyant revenir essouf-flés, suants et excités d'une bonne course à vélo, nous a punis en nous rendant prisonniers de la chambre de Gérard Philipe. Comme ça, nous serions bien obligés de nous calmer et de nous concentrer. Il mésestimait notre sens de la révolte et nos aptitudes sportives. Nous nous sommes échappés par la fenêtre et en avons profité pour aller nous remplir un peu la panse que notre honoré pro-fesseur négligeait.

Il devait se convaincre qu'un bon comédien est un comédien affamé, ou qu'il fallait nous entraîner à la pénu-rie dont nous ne manquerions pas d'être victimes, comme tout artiste qui se respecte.

Au Conservatoire, il était d'autant plus difficile de ne pas être fauché qu'il était formellement interdit de travailler ailleurs en touchant des émoluments. Comme cette institution fonctionnait d'une façon soviétique, tout contrevenant se voyait exposé à des châtiments allant du retrait des bourses au renvoi. Une sorte d'œil de Moscou, vieille fille acariâtre et antipathique appelée Mademoiselle Suzanne, veillait au grain. Il était impossible d'échapper à sa surveillance et son zèle a, hélas, engendré des généra-tions successives de comédiens sans le sou, qui ont rêvé de la poignarder collectivement comme si elle s'était nommée Jules César. Elle était l'âme damnée du Conservatoire.

7

Saint-Germain-de-la-Joie

L'envie de faire l'idiot était déjà inscrite dans mon ADN, mais, au contact de loustics comme Marielle, Rochefort, Beaune, Vernier, Rich, elle se démultiplie. Et, dans le rythme imposé par les cours au Conservatoire, je parviens même à trouver le créneau quotidien consacré à la déconnade : le déjeuner. Notre restaurant universitaire, qui n'est pas banal, s'y prête à merveille.

Nous ne partageons pas les grandes tables de la cantine avec des internes en médecine portés sur les blagues salaces, l'ivresse et les canulars osés, mais avec de jeunes rats de l'Opéra d'une austérité et d'une sobriété incorruptibles. Il faut donc se dévouer pour ne pas gâcher le vin qui attend, dans les carafes posées, qu'on le consomme. Et nous nous en occupons de bon cœur avec, comme résultat logique, un taux d'ébriété élevé qui échauffe notre sang et notre fantaisie. Il arrive que nous dépassions un peu les bornes, ainsi qu'il est coutume de dire.

Ce franchissement des limites de la bienséance ou de la politesse ne nous fait pas peur ; au contraire, il nous excite et, l'émulation aidant, nous nageons dans la folie pure avec une aisance remarquable. Nous œuvrons à décoincer les rouages rouillés du Conservatoire, et son peuple de vieux et de jeunes vieillards. Mais il serait dommage que nous ne fassions pas profiter le reste du monde de notre saint et joyeux chahut.

Dans cette cantine au public bigarré où nous avons à peine le temps de nous sustenter entre deux blagues de potaches psychopathes, nous ne craignons pas, par exemple, un jour où je me suis pris le bec avec la caissière, de verser la totalité de nos assiettes de lentilles sur ses billets et pièces soigneusement rangés dans son tiroir.

Sur le chemin déjà de notre self, le sérieux se dégrade avec une dangereuse célérité. Nous amorçons l'un de nos jeux en fonction de l'humeur. L'une de nos plaisanteries favorites, avec Jean-Pierre Marielle et Bruno Cremer, consiste à nous lancer dans de fausses bagarres en pleine rue pour effrayer les passants. C'est Bruno qui vient à nous en gueulant : « Tu m'as pris ma femme, salaud ! », et fait semblant de me frapper violemment. Je fais mine de tomber par terre et enchaîne une série de galipettes avant de me relever et de bondir sur mon agresseur comme un lion dépendant aux amphétamines. Les spectateurs improvisés de la rixe restent sidérés devant tant de sauvagerie et se rassemblent, inquiets, autour de celui de nous qui interprète le vaincu, le blessé à terre. Lequel, au bout de quelques secondes, se remet d'un coup sur ses pattes, comme un diable sort de sa boîte, et terrifie le public de passants qui s'envole.

L'un de mes tours fétiches, en allant à la cantine de l'Opéra, est celui de la chaussure. Je marche avec les copains sur le trottoir et, à un moment, je lâche volontairement l'un de mes mocassins sur le bitume. Les gens qui se trouvent derrière moi – et dont il convient d'admettre qu'ils sont, dans l'ensemble, assez serviables pour jouer leur rôle de naïfs dans nos sketchs – ne manquent pas de m'interpeller pour me signaler la perte. Mais je réponds un inattendu : « Mais elle n'est pas à moi ! » Alors ils s'obstinent, gentiment, avec une bienveillance toute maternelle : « Mais enfin, vous voyez bien que vous ne portez qu'une seule chaussure ? » Le dialogue s'achève quand je déclare sur un ton ferme : « Et alors ? Si ça m'amuse de me balader comme ça ! »

Hormis le rôle de badaud au pied nu, j'excelle dans la peau du déséquilibré. Pour faire marrer mes camarades, je me mets dans les traces de mon idole, Michel Simon. Je m'enfonce le béret jusqu'aux yeux, j'ouvre la bouche et je déambule les pieds en dedans, me postant devant les kiosques à journaux avec un air hébété. La vendeuse finit par me demander charitablement : « Qu'est-ce que tu veux, mon petit ? » Et là, je fais rouler mes yeux et lui dis avec un air idiot : « Est-ce que vous avez des revues pornographiques ? » Affolée et choquée, la dame me chasse loin d'une littérature interdite aux jeunes attardés.

De temps à autre, Marielle m'accompagne dans ce délire et joue le grand frère attentif à son cadet inadapté. Il me tient par la main dans la rue, ce qui suscite l'intérêt de passants dont j'entends avec délices la belle compassion. Ils me plaignent, moi, le pauvre petit, et mon aîné, sacrifié sur l'autel de mon handicap. Quand leur regard se fait trop insistant, Jean-Pierre adore les engueuler. Il s'énerve et hurle : « Ça vous amuse de regarder mon petit frère malade ? »

Très mal à l'aise, ils nient en baissant les yeux et s'en vont discrètement. Le reste de notre congrégation de déments assiste à notre manège de loin et se fend la gueule, en en redemandant. Alors nous enchaînons, pour répondre à leur attente, un cran au-dessus dans la provocation. Jean-Pierre dégote de vieilles dames auxquelles il me confie, le temps d'une course. Les malheureuses n'osent pas refuser le service à mon aîné, si douloureux, si accablé par sa charge. À peine a-t-il disparu que je prends un malin plaisir à dire, d'abord d'une voix timide, puis de plus en plus fort, jusqu'à ce que toute la rue et celles d'à côté nous regardent : « PIPIIIIII ! PIPIIIII ! » Et que ma gardienne explose de honte.

Je cherche toujours à me surpasser, à battre mes propres records de chahut. Toujours dans mon personnage d'idiot du village, chaperonné par mon grand frère et qui fait des crises nerveuses, je veux entrer dans un restaurant chic où des dames bien comme il faut dégustent des plats de choucroute, spécialité du lieu, au son aigu d'un orchestre de violons.

Un gorille devant les portes de la Maxéville nous en barre le passage, irritant mon grand frère, très susceptible sur les questions de discrimination des êtres différents comme je le suis. Alors qu'il commence à sermonner vertement le videur, je lâche sa main et m'introduis dans le restaurant. Ou, plutôt, je m'y jette littéralement. Je fais exprès de convulser, excusant mes bras et mes jambes qui moulinent dans tous les sens et font sauter au passage les plats, les assiettes et les verres. Je fais un carnage, renverse toutes les tables et provoque un feu d'artifice de choucroute qui atterrit dans les mèches permanentées et laquées des vieilles rombières et sur leurs écharpes en renard. L'orchestre ayant cessé de jouer, on n'entend plus que le cliquetis des couverts qui dansent et le bruit sec des tables qui se brisent. Une armée de serveurs tente alors de me mettre la main dessus. Mais, au jeu du roulé-boulé-bondi-jeté-sauté-esquivé, je gagne la partie haut la main.

J'ai derrière moi de longues années d'expérience, une bonne détente et l'agilité nécessaire pour me dérober dès que l'on m'atteint. Je pousse le bouchon en donnant à mon chasseur l'illusion qu'il va m'attraper, je me laisse approcher pour mieux me dissiper dans l'air ou dans l'eau. Je m'efforce d'être volatile. Vu le désastre général que je viens de créer, les garçons de l'établissement me coursent avec rage. Ils seraient trop heureux de m'attraper par le col, de me flanquer une correction et de me ramener, le visage coloré de coquards, le nez enflé et l'air piteux, à leur patron qui se voit ruiné et obligé de se confondre en excuses obséquieuses auprès de ses clients fuyant le cataclysme, les vêtements grêlés de chou, au moment où j'ai déjà quitté le lieu de mon forfait et rejoint le boulevard Poissonnière.

Je les ai à mes trousses jusqu'au niveau du Golf-Drouot, où j'ai viré d'un coup. Je ne suis pas mauvais pour semer mes poursuivants, surtout dans un quartier que je commence à connaître comme ma poche, à force d'y faire le zouave.

Ma zone de prédilection, celle où je vis les meilleures années de ma vie, une période qui demeure pour moi la belle époque. Je suis aussi léger que l'air, je baigne dans une insouciance et un optimisme inégalables. Je suis entouré de camarades qui croient aux mêmes dieux de la paresse et du plaisir, et ne produisent d'efforts que pour inventer quelque nouvelle distraction pour nous égayer et semer le bordel.

C'est la grande époque des nuits d'amour et des caves de Saint-Germain-des-Prés. Nous dansons, nous gueulons notre joie, nous compensons les sales jours de la guerre. Rien n'entravera notre désir de brûler par tous les bouts, les autres et nous.

Dans la presse sérieuse, de très honorables et doctes messieurs dissertent sur cette jeunesse en péril, ce péril jeune, qui mènerait la société dans les ornières du désarroi. Il faut toujours des individus pour annoncer la fin de l'humanité quand elle les a déjà quittés. Au contraire, je pronostique le meilleur, et surtout pour nous, magnifiques dégénérés, inutiles et anarchistes. Nous sommes beaux, oui, je vous l'affirme. Car nous sommes heureux d'être seulement en vie, de pouvoir rire sur les millions de tombes que nous avons vues se remplir.

Peut-être sommes-nous un peu décadents, certes. Il est vrai qu'à seize ans les filles sont rarement vierges, mais elles font, grâce à leur expérience, de meilleures épouses, et il ne se trouve pas un jeune homme qui n'ait déjà été initié aux cuites cinglantes. On nous reproche d'avoir abandonné la lecture. N'avons-nous pas toute notre vieillesse devant nous pour cela ? Se retirer du monde, une fois que le corps se soustrait à une vie physique intense, pourquoi pas ? Mais pas avant. Pas avant.

Même ceux qui n'ont rien que leurs frusques sur le dos se sentent riches. Nous détenons, en effet, un capital inestimable : le temps. Dans lequel nous puisons allégrement pour écumer les terrasses de café, les caves où l'on écoute du jazz – Art Blakey est notre idole –, le pavé parisien dans un périmètre choisi, de Saint-Germain-des-Prés à Saint-Germain-des-Prés.

Nous y avons nos lieux de villégiature quotidienne où nous sommes sûrs de nous retrouver. Lesdits endroits n'ont pas été choisis au hasard, ou en fonction du seul critère de l'emplacement. Nous trônons là où croiser des rois ou des princes.

Dans le Saint-Germain-des-Prés des années 1950 traîne encore tout le gotha du monde de la culture. Boris Vian, Arthur Adamov ou Eugène Ionesco se montrent facilement dans les cafés courus de l'époque, tels la Rose Rouge, la Coupole ou les Deux-Magots. Nous dépensons notre capital, car la trésorerie manque.

Nos poches trouées n'ont rien à laisser tomber, mais nous ne manquons de rien. La débrouillardise nous apporte tout ce dont nous avons besoin. Comme le lait, par exemple, un aliment de base dont il n'est pas question de nous priver. D'autant moins qu'il nous nargue sur les pas de portes plus à l'aise, fraîchement livré par le laitier et sa camionnette, comme c'est alors l'usage.

Un jour, j'avise une porte, au hasard, et me mets à guetter tous les jours le laitier. À peine pose-t-il la bouteille que je me précipite discrètement et l'attrape, l'air de rien, en passant et en me penchant à peine. Comme ça fonctionne bien sur ce perron-ci, j'y reviens. Les propriétaires de mon butin pourraient, au bout de quelques jours, se sentir persécutés, voire porter plainte. Ou éprouver une certaine curiosité et tenter de me prendre la main dans le sac.

Manifestement, ils oublient plutôt de boire leur lait. Et ce jour où je les verrai sortir à l'heure dite prendre leur dû, ils le laisseront. Et moi aussi, de surprise. Car les victimes de mon larcin quotidien ne sont autres que Simone de Beauvoir et Jean-Paul Sartre. Je cesserai de voler le lait de cette porte-ci.

Règne à Saint-Germain-des-Prés une sorte d'impunité que j'ai établie. Aux Deux-Magots, presque chaque jour, à six heures et demie précises, je prends une table en terrasse, mes premiers verres, et ouvre ainsi la soirée qui dure le temps d'une nuit.

Quand mes pas ne se dirigent pas vers cette brasserie, ils m'entraînent jusqu'au Bonaparte pour sa convivialité et sa machine à sous, que je tâte avec une certaine dextérité. Que ce soit dans l'un ou l'autre de ces rendez-vous fixes, je ne demeure jamais seul bien longtemps, rejoint par les copains. Quelques-uns habitent aussi dans notre juridiction festive, certains même à domicile, ou plutôt celui que mes parents ont l'inégalable bonté de me prêter, connaissant mon goût immodéré pour la sociabilité ; d'autres, comme Maria Pacôme, rue d'Alembert, ou Jean-Pierre Marielle, rue Guénégaud. Avec lui, nous retardons le moment de nous séparer, ou de dormir, un besoin que j'ai de moins en moins envie de satisfaire à la nuit tombée. Après avoir dîné en bande dans de petits restaurants grecs et vu – ou revu, comme *La Règle du jeu*, que nous avons adorée – un film, ou une pièce, nous commençons à fouler le pavé sans autre but précis que celui de naviguer dans la ville en discutant.

Nous arrivons ainsi parfois à l'Échaudé, un bistrot qui grouille d'artistes, et tenu par un type épatant, Henri Leduc. Alors notre petit jeu démarre. Je propose de raccompagner Marielle rue Guénégaud, mais, par pure civilité et amitié, il m'offre, à son tour, de marcher avec moi jusqu'à Odéon, en prenant la rue Dauphine. À ce moment, Jean-Pierre dit : « Bon, nous ne sommes pas loin, allons faire un tour à la Coupole », et, bien entendu, j'acquiesce.

Après un ou deux verres de plus, la nécessité de se raccompagner mutuellement croît. Et dure jusqu'aux alentours de quatre heures du matin. Nous soumettons la nuit à nos pulsions de vie. Lesquelles ne nous conduisent pas toujours plus loin que des heures heureuses et leur souvenir, plus tard.

Il arrive cependant que cette existence libre et éphémère ne soit pas toujours si inconséquente. Dans ce vertige de plaisirs, en mars 1953, mes yeux s'arrêtent sur une jeune et ravissante brune, au regard pétillant et aux belles jambes de danseuse. Et pour cause : elle fait partie d'un ballet be-bop, les « Latin Bop Stars », qui connaît alors un certain succès et l'emmène dans des tournées à l'étranger. Quand je la rencontre, elle se produit au Bilboquet, un cabaret de cette rue Saint-Benoît où je traîne mes pattes.

Cette aimable danseuse a le tempérament assez joyeux et l'esprit assez ouvert pour se compromettre avec une troupe de noctambules dépravés, allant jusqu'à choisir le plus incontrôlable de ceux-ci, c'est-à-dire ma pomme. Nous sympathisons longtemps avant d'envisager les choses sous d'autres angles, plus doux. En revanche, je la rebaptise prestement, comme pour me l'approprier. Elle s'appelait Renée, je la nommerai Élodie, imitant le héros d'une pièce de Tristan Bernard qui m'avait frappé, *L'Ardent Artilleur*. Nous mettrons six ans à nous marier, c'est-à-dire à nous calmer suffisamment pour être capables d'être responsables. Surtout moi.

J'ai pris des habitudes de demi-voyou qui ne conviennent pas au statut d'époux acceptable. Je cultive l'excès, vénère la nuit et cherche le contact avec ses créatures les moins fréquentables.

La pratique de la boxe à l'Avia Club m'a déjà plongé dans un milieu où l'on ignore le baisemain et la révérence au profit d'un ton plus rugueux. J'ai, par réflexe de défense, pété le nez de mon complice Charles Gérard, quand je l'ai rencontré. Alors je ne m'encombre pas des règles des petits bourgeois et me trouve à l'aise avec les vauriens.

Je fraie sans me forcer avec une faune qui ne s'embarrasse pas des manières que les nourrices du Luxembourg tentent d'inculquer à de roses têtes blondes. Ce monde, pourtant, m'attire assez pour que je sente régulièrement le besoin de le retrouver. Il se rencontre dans les salles de boxe du neuvième et du dixième où se déroulent les matchs, dans les rues alentour, et du côté de la rue Saint-Denis. Il est peuplé de petits truands chaussés de daim et à l'affût d'un coup, de prostituées à grande gueule, de gros camions et de déchargeurs costauds, d'alcool inflammable et de bagarres souvent brèves, mais violentes. Je vais me jeter aux Halles comme dans un bassin interlope où je suis à la fois spectateur et acteur.

Ces figures, comme la pute Frisette et sa croix des vaches tatouée sur le front par son maquereau, que je fréquente certaines nuits dans un bistrot où les frites et le whisky ne nous reviennent pas cher, dès le rideau du jour levé, deviennent comédiens. Les godets, la fatigue, l'obscurité à peine troublée par l'éclairage blafard des lampadaires, les témoins rassemblés au hasard, les délivrent de leur habit diurne. Une nouvelle vérité, hautement vraisemblable, émerge d'eux et me fascine.

J'écoute leurs histoires improbables, partageant leur table et leurs moments de bravoure vaine, quand il s'agit de sauvegarder son honneur déjà mort depuis belle lurette, et dont le cadavre flotte quelque part dans une bouteille.

Pour rien, avant que cela soit pour un rien, une conversation dégénère, les poings se mettent à mouliner, les verres à voler, les tables à valser et les nez à saigner.

Il est miraculeux de sortir de l'une de ces rixes sans un coquard et des bleus. Je risque moins les gnons sur un ring que dans ces luttes brutales et sans règles qui me font marrer comme une bataille de polochons entre jeunes sauvages. Je ne suis pas le moins fougueux, mettant à profit les leçons de l'Avia Club. Je distribue, moi aussi, des séries de gauches enchaînées avec des droites, mais le peu d'espace où se passe le bazar m'empêche d'esquiver les coups grâce à des roulades ou autres prouesses de gymnaste. Fatalement, je suis acculé contre le bar, un mur, ou d'autres types en train de se taper dessus. J'accepte gracieusement la casse. Et m'en sors avec un charme en plus de mon nez esquinté, un œil violet, mais pas l'iris, ou un tacheté jaune-turquoise sur les joues.

À cette période, je joue dans *La Mégère apprivoisée* avec Pierre Brasseur, qui me voit entrer en scène le visage ravagé par les échauffourées de la veille et s'exclame : « Mais qu'est-ce que tu fais, la nuit ? »

Lorsque je ne vais pas m'immerger en solitaire dans les eaux remuantes des Halles, je fais l'idiot à Saint-Germain avec les autres, la bande du Conservatoire : Jean Rochefort, Jean-Pierre Marielle, Bruno Cremer, Michel Beaune, Pierre Vernier, Henri-Jacques Huet, Henri Poirier, Claude Brasseur...

J'y ai récolté, avec l'aide d'Hubert Deschamps, le surnom ambitieux de Pepel, vagabond interprété par Jean Gabin dans *Les Bas-fonds* de Jean Renoir, et je n'en suis pas peu fier. Être gratifié d'un autre nom que celui de ma naissance est signe de ma popularité et de mes aspirations. Ça ne me déplaît pas de porter le titre d'un rôle de Gabin dans un film que je considère comme un chef-d'œuvre – bien au contraire.

Étant Pepel, avant d'être Bebel, je m'inscris dans une galerie de personnages improbables dont je fais ma famille d'adoption. Le plus poilu d'entre eux est le dénommé « Moustache », figure excentrique du quartier, doté de bacchantes assez impressionnantes pour mériter un surnom, batteur professionnel et organisateur de deux courses de voitures amateur légendaires, le Star Racing Team. Il brille la nuit à l'Alcazar avec son ami Jean-Marie Rivière, et sa gouaille nous tient compagnie à la terrasse des cafés que nous colonisons ; elle a même fait office de bande originale de ma rencontre avec ma tendre Élodie. Il a en commun avec l'équipe que mes amis comédiens et moi formons le sens des lignes blanches, ou plutôt de leur franchissement continu.

Mais la palme de la folie furieuse revient incontestablement à un géant, anciennement dompteur de fauves et culturiste distingué par l'honorable titre de Monsieur France : Mario David. Il a des idées d'anarchiste psychopathe et les moyens physiques de les mettre en œuvre. Il est capable de sidérer les Parisiens en se déplaçant en tracteur, qu'il s'amuse à garer en le collant à la boutique ou au restaurant auquel il se rend.

Avec lui, un soir, nous fermons la rue Saint-Benoît à la circulation, avant d'être embarqués dans le panier à salade envoyé pour rétablir l'ordre. Pourtant, nous sommes innocents : notre action n'avait rien de politique, nous ne manifestions aucune animosité envers les automobiles.

Notre revendication, totalement spontanée et intempestive, relevait davantage d'un parti pris philosophique, de type libertaire. Notre objectif à tout prix est la jouissance ; notre chemin, la liberté. Et notre armoire à glace, Mario David, en explore les moindres recoins. Il a ce don rare de semer la zizanie où il passe, dans des proportions qui suscitent notre respect à tous.

Un jour, je le vois bloquer, pour le seul bonheur d'engendrer le bordel, la place de l'Étoile. Il freine sèchement et, après avoir coupé le moteur, il sort, avec un faux air d'énervé brutal. Et, quand un condé se pointe pour lui demander de remettre les gaz, il se plaint d'un malotru imaginaire qui lui aurait fait une queue de poisson. Peu à peu, les voitures engagées autour de l'Arc de Triomphe s'arrêtent, les unes coincées derrière la conversation absurde entre le flic et Mario, les autres ralenties par la curiosité de ce guignol improvisé.

Mario David, c'est comme acteur, sans trop d'efforts, que je l'ai connu. Nous figurons tous deux dans la distribution d'une pièce très populaire, *Oscar*, mise en scène par Jacques Mauclair. Car les cours au Conservatoire doivent nous ouvrir les portes des théâtres. Les metteurs en scène se déplacent pour jauger les poulains que nous sommes et, de notre côté, nous courons les castings à la recherche de petits rôles dans lesquels nous faire remarquer par de plus grands, avec plus ou moins de chance.

J'ai ainsi le bol d'être engagé en 1953 dans deux pièces, jouées en alternance au Théâtre de l'Atelier : *Zamore*, de Georges Neveux, avec deux copains, Yves Robert et André Versini ; et *Médée*, de Jean Anouilh, avec, dans le rôle vedette de Jason, Jean Servais – que je retrouverai bien des années plus tard dans la peau du tuteur de Françoise Dorléac dans *L'Homme de Rio* –, et, dans celui de l'infanticide empoisonneuse, la ravissante Michèle Alfa, dont j'étais épris en cachette. La pièce d'Anouilh est pour moi une excellente nouvelle, car rien de plus efficace que la dernière création d'un auteur connu pour remplir les théâtres et assurer aux comédiens quelques mois de travail rémunéré. C'est la meilleure pioche.

Une héroïne tragique telle que Médée aurait dû me porter bonheur, me conduire aux portes de la gloire et de la sécurité matérielle. Mais, hélas, les critiques et leurs plumes acerbes déjouent les pronostics. Après la première représentation, une pluie de très mauvais papiers écrase *Médée*, qui ne tient que seize jours à l'affiche. J'en ris avec les copains, moi qui ai trouvé le moyen de figurer dans le seul échec d'Anouilh. J'apprends dans la mésaventure que le concept même de garantie n'est pas pertinent en la matière. Présumer que les spectateurs aimeront une pièce, un film ou une sculpture, c'est comme annoncer le sens du vent sur l'océan un jour à l'avance. L'imprévision fait loi.

Heureusement, je n'ai pas le temps de me désoler de ma malchance, car je suis embauché aux côtés d'une gloire de l'époque à la carrière sur les planches époustouflante : Jacqueline Gauthier. Cette étoile rayonnait dans *La Reine blanche*, mise en scène par Jean Meyer au Théâtre Michel. Et deux ans plus tard, après ma sortie du Conservatoire, je touche le firmament en me produisant aux côtés de Pierre Mondy dans *Oscar*, le vaudeville de Claude Magnier qui se donne à l'Athénée.

C'est grâce à Maria Pacôme, qui connaît les bars accueillant mes pérégrinations nocturnes, que j'obtiens ce rôle. Jacques Mauclair a besoin de remplacer Claude Rich au pied levé : il lui faut son remplaçant dans l'instant, dans la nuit. Quand, après avoir fait le tour des lieux de débauche du sixième, Maria finit par me dénicher, largement grisé par les heures consacrées à célébrer on ne sait même plus quoi, elle m'entraîne passer une audition au domicile du metteur en scène.

Malgré mon taux d'alcoolémie, j'ai la présence d'esprit de refuser le rôle, par loyauté envers mon ami Claude Rich dont je suppose alors qu'on est en train de l'évincer à mon profit. Ils me jurent que non, que je ne chasse pas un ami, qu'il est seulement pris ailleurs. C'est faux. En dépit de leur argumentaire convaincant, je préfère téléphoner à Claude, qui me confirme qu'il est viré et m'exhorte à accepter le rôle. Que ce soit moi qui prenne la suite, c'est moins douloureux pour lui.

C'est très excitant de prendre une affaire en cours de route, d'être mis au défi d'apprendre un texte en quinze jours seulement. J'ai un rôle important, une vaste aire de jeu sur laquelle gambader. *Oscar* est une pièce montée sur une cascade de répliques comiques, de situations burlesques, de surprises savoureuses. Je m'y épanouis chaque soir, trop heureux d'être dans mes cordes sur scène, et de pouvoir déconner avec Mario David en coulisses. Ni porté aux nues ni éreinté par la critique, je peux ainsi gentiment continuer de m'amuser.

Oscar ne rencontre bien sûr pas la faveur des snobs et je ne risque pas de susciter l'admiration des profs du Conservatoire pour ma prestation, quelque bonne fût-elle, dans du théâtre de boulevard. En outre, ils n'ont pas forcément le privilège d'y assister. Je ne les ai pas vus assis dans les fauteuils des premiers rangs. À leur place rigolent bruyamment mes copines des Halles.

Un jour, l'administratrice du théâtre me demandera même d'un air sévère : « Mais qui sont ces filles vulgaires qui gloussaient ? » Question à laquelle je me bornerai à répondre : « Ce sont mes cousines. »

C'est cette même dame un peu revêche, transformée pour l'occasion en messager de malheur, qui, plus tard, m'apporte ma convocation à des réjouissances bien éloignées de celles d'*Oscar* : la guerre d'Algérie.

Je dois partir *manu militari*, laissant mon rôle à Jean-Pierre Cassel, et l'idée de découvrir de cette manière le pays dont vient mon père me déplaît. En sus, je n'ai pas gardé un bon souvenir de mes jours et de mes nuits à l'armée. J'en garde surtout des coups de crosse. C'est dans l'infanterie qu'on m'a placé.

Une fois arrivé sur place, on me fait manier des armes et, surtout, effectuer des patrouilles. Le comble de l'emmerdement pour moi qui ne suis pas né pour être discret, encore moins pour être armé. Marcher pendant des heures, alourdi par la tenue militaire et la chaleur intenable, sans parler, sans fureter, je n'en vois pas l'intérêt. On me fait apprendre par cœur les cailloux et la terre d'Alger à Hussen et de Dey à Surcouf. J'en bave.

Je trouve ce pays si aride et hostile que j'admire mon frère Alain, qui s'y est installé et y travaille. Quand mes « chef-oui-chef » me lâchent la bride cinq minutes pour filer le voir, il essaie d'adoucir ma peine. Qui s'anesthésie dès lors que je prends la décision de me tirer de ce merdier…

Dans un défilé militaire dont nous nous acquittons devant le général Salan, je marche à côté d'un camarade avec lequel nous traînons à l'arrière du cortège et échangeons sur la difficulté d'être troufions en Algérie. Il finit par déclarer : « M'en fous, parce qu'à Noël je serai plus là ! » Cette phrase produit sur moi un effet magique, m'ouvrant soudain un horizon que je n'imagine pas.

Et le destin s'en mêle : je suis blessé à la jambe. Assez gravement pour que l'on me rapatrie en France, au Val-de-

Grâce, après quatre mois de calvaire. L'impression d'avoir déjà vécu cette scène – moi abîmé, là – m'envahit évidemment. D'une manière fort désagréable. L'armée, c'est un fait incontestable, ne me réussit pas. Je m'y cogne. Et je n'apprécie pas davantage son hôpital où elle range ses soldats cassés, ou mourants. Cette fois, c'est en Algérie qu'on les a tués, mais c'est devant moi qu'ils agonisent. Mon naturel joyeux commence à être sérieusement déréglé. Je suis coupé de mon métier, de mes copains et d'Élodie, ma future femme. Laquelle s'est mise à m'attendre le soir à Denfert-Rochereau, à quelques encablures du Val-de-Grâce.

À la nuit tombée, avec l'aide de camarades d'infortune, nous décidons de nous faire la malle. Sauf que, ma mobilité étant altérée par une patte folle et mon agilité clairement anéantie, l'escalade de murs se révèle aussi difficile que pour un manchot de nager le crawl. Un soir, je reste même coincé sur le mur et je dois à l'un des collègues de m'avoir extrait de cette situation délicate.

Hormis pour reprendre la voltige, je ne suis pas pressé d'être rétabli. Être à nouveau valide signifie repartir faire des patrouilles. Et ça, je ne le peux pas. Plus. Grâce à mes brèves évasions nocturnes, je peux soumettre mon problème aux uns et aux autres, jusqu'à ce qu'un type bien, Jean-Louis Trintignant, me souffle le truc : les amphétamines à ingurgiter soigneusement afin d'obtenir de se faire réformer.

Je me procure alors des cachets de Présuline, que je dissimule dans les toilettes. Jamais je n'ai suivi une prescription médicale avec autant de rigueur que celle-ci.

Le but recherché est de me donner l'air assez dingue et dangereux pour qu'ils n'aient d'autre sain réflexe que de me virer. L'efficacité des amphétamines sur mon apparence, déjà proche de celle d'un chat famélique, en raison de mon goût pour l'exercice et de l'irrégularité de mes repas, se révèle fructueuse. Mes cernes sont creusés comme un bénitier, mon teint a tourné blanc-jaunâtre, mes pupilles se maintiennent en têtes d'épingle et ornent mon regard d'une lueur folle, mes lèvres sont crevassées. En plus de cet aspect inquiétant, j'observe un mutisme parfait. Je suis maintenant crédible en demeuré patenté, capable de dégoupiller sans crier gare, de tirer sur les miens, de faire des crises de panique en plein combat.

Grâce à cette cure d'amphétamines, j'obtiens un entretien avec un membre de l'état-major et des médecins. Ils me posent des questions, auxquelles je m'efforce d'apporter des réponses absconses, et m'observent avec un air navré.

Au bout d'une quinzaine de minutes, ils semblent encore hésiter, non pas sur ce qu'ils vont faire de moi, mais sur l'authenticité de mon état. Ils mettent fin à mon personnage de taré par cette phrase : « Soit vous êtes complètement fou, soit vous êtes un fieffé menteur ; dans les deux cas, nous n'avons pas besoin de vous. »

Je suis réformé P4, c'est tout ce qui importe. Ne pas retourner en Algérie, ne pas perdre mon temps en dehors des planches.

Heureusement, le succès d'*Oscar* m'a aidé à y revenir. Après l'Algérie, j'ai tenu l'un des rôles principaux d'une pièce mise en scène par Christian Gérard au Théâtre la Bruyère, *Trésor Party*. Le démarrage en fut fulgurant. La presse se pâmait, m'abreuvant de compliments. On me disait « doué », « désopilant », les journalistes s'intéressaient à moi, ils incitaient les gens à me découvrir dans la pièce : « Allez ! Courez voir ce jeune comédien ! »

Mais cette injonction a été peu suivie. Très peu. La salle, soir après soir, ne s'emplissait pas. Le succès, pourtant pressenti dans l'engouement des médias, se dérobait. Contrairement à Oscar, *Trésor Party* a fait long feu.

La dernière en fut une, et pour symboliser la fin irrémédiable de ce four, je me suis glissé, avec mon partenaire Jacques Ciron, derrière les décors pendant la représentation avec une pince coupante. Et nous avons permis charitablement à la tête de cerf et aux tableaux de prendre leur liberté, en tombant l'un après l'autre.

Il valait mieux en rire, de cet échec. Même si, au fond, je commençais à me lasser des faux espoirs, des projets avortés, des désastres imprévus. Je me sentais coincé, au point mort. Comme si le théâtre me rejetait toujours après m'avoir accepté. Il me manquait une continuité, un confort psychologique, dans cette alternance perpétuelle. Je scrutais l'horizon et n'y discernais qu'un mur, je stagnais dans un sans-issue.

8

Chemins de traverse

Nous n'avons rien à perdre. Et peut-être beaucoup à gagner.

En cet été 1955, Jean-Pierre Marielle et moi sommes au faîte de notre impulsivité et de notre désir. Nous n'avons en effet jamais été aussi fougueux, portés par l'espoir de briller, qui est revenu avec le soleil. Je n'ai pas encore fait connaissance avec le septième art, mais j'en rêve déjà, comme la plupart des comédiens en devenir.

À l'époque, le mot magique, celui qui met des étoiles dans nos yeux, ce n'est pas encore Hollywood, c'est Cinecittà, le temple du cinéma à Rome, où officient des maîtres tels que Rosselini, Fellini, Risi, De Sica ou Visconti. Il s'y tourne beaucoup de films et, ai-je entendu dire, on peut y dénicher un petit rôle : c'est plus facile qu'en France, les Italiens sont accueillants.

Jean-Pierre, ce grand romantique, fantasme, lui, sur les gondoles vénitiennes et les pigeons lâchés de la place Saint-Marc. Avec chacun son image de la *dolce vita*, nous décidons d'aller faire un tour en Italie. La sœur de mon camarade vient d'acquérir une berline avenante, aux lignes élégantes et à l'habitacle assez large pour s'y sentir à la maison. Je ne sais comment il l'a convaincue de nous prêter à nous, jeunes dingues, sa Renault Frégate toute neuve, mais nous voilà partis, préfiguration du duo dans *Le Fanfaron* de Dino Risi. Les kilomètres qui nous séparent de la péninsule italienne nous laissent le temps d'entraîner notre verve, notre capacité d'improvisation, et de nous rassembler un peu plus dans une communauté d'âme et de malice. Après avoir longé gaiement la côte italienne, nous sommes obligés de nous dire au revoir, nos routes bifurquant.

En arrivant à Rome, je m'enquiers d'un endroit où passer la nuit : je suis maintenant piéton, je n'ai plus la Frégate en lit d'appoint. On me donne une adresse dans mes moyens, autant dire quasi nuls. Je suis confiant, naturellement ; je m'attends toujours au meilleur. J'imagine qu'une couche de roi m'est promise dans l'un de ces splendides palais romains. Je suis souriant jusqu'à ce que j'atteigne le lieu recommandé : l'arrière-salle d'une vieille église décatie dont les murs suintent, et où la température est glaciale. Je passe une nuit fort mauvaise, dans une humidité malsaine, au milieu d'une décoration terrifiante de statues sinistres de Vierge à l'Enfant et de Jésus crucifié.

Le matin, je me réveille à peine – je n'ai presque pas dormi. Je commence à douter de pouvoir m'éterniser dans cette ville qui ne se prête pas aux autres. L'hospitalité méditerranéenne sur laquelle je compte n'est pas au rendez-vous. J'ai en tête de pousser mon périple plus loin, jusqu'en Sicile, à Cefalù (Chiffalo), petit village de pêcheurs surmonté d'une impressionnante cathédrale. Ce ne sont pourtant pas ces attraits touristiques qui m'incitent à faire le détour, mais mes origines. Ma grand-mère paternelle, Rosine Cerrito, vient de là.

*

C'était une Sicilienne, au caractère purement méditerranéen, énergique et expressive. Elle avait épousé un Italien pour lequel elle s'était installée dans le Piémont. Lui, Paul, puisque le paternel de Papa s'appelait comme lui, avait le tempérament aussi fort que les matériaux qu'il maniait chaque jour, étant forgeron de profession. C'était un gaillard costaud, courageux et volontaire, qui travaillait dur pour subvenir aux besoins de son couple. Malgré son labeur, il peinait à gagner sa vie.

Au croisement du XIXe et du XXe sècle, les conditions économiques se dégradaient rapidement en Italie – les pauvres se paupérisant, les riches s'enrichissant –, préparant lentement mais sûrement l'avènement d'un chef comme Mussolini. Paul avait l'instinct de survie. Il avait compris que tout irait de mal en pis. Bientôt, il ne pourrait plus nourrir sa femme ; bientôt, il manquerait du minimum. Il fallait s'en aller, trouver une terre promise, remettre en piste l'avenir.

À l'époque, entre 1830 et 1914, la meilleure offre à proximité pour les malheureux et les miséreux, le seul pays neuf où tout tenter ou tout laver, c'était l'Algérie. Les autres rejoignaient les États-Unis, où une vaste communauté italienne était déjà établie.

Bien que Paul soit viscéralement attaché à son pays, à sa culture, et à la vie qu'il y mène, il décide d'opter pour l'Afrique du Nord. Des pêcheurs de Naples ou de Cefalù ont émigré les premiers là-bas et se sont installés sur le littoral, en continuant leur activité. Mon grand-père fait de même : il atterrit à Alger et s'établit avec Rosine dans la populaire et colorée Bab El Oued, où les Espagnols règnent en maîtres. Seule une zone à son extrémité, le quartier de la Marine, s'italianise. Paul ouvre un atelier où il propose ses services de forgeron, auxquels il ajoute ceux de mécanicien. Le progrès a en effet apporté les voitures et les machines-outils, qui exigent souvent des réparations. La politique de grands travaux menée dans le pays lui procure du boulot à long terme. Les voies ferrées qui se construisent, notamment celle reliant Alger à Oran, requièrent leur lot de forgerons. Sa petite affaire marche, les clients affluent – l'exil est réussi. La famille peut s'agrandir, ou plutôt le couple devenir une famille. Rosine met mon père au monde. Paul prend le petit Paul dans ses bras. Un petit frère, Antoine, arrivera plus tard.

C'est là, au milieu de la ruche qu'est Bab El Oued, que grandit mon père, l'œil écarquillé sur les beautés d'Alger la Blanche, ses formes et ses couleurs, et son cosmopolitisme. Avec, en exemple, l'acharnement de son propre père, attelé à la tâche du lever au coucher du soleil. Le cœur à l'ouvrage, ou la première des vertus. Alors qu'il est encore gamin, Papa déclare qu'il veut être sculpteur. Le grand-père Paul le prend au sérieux et lui fabrique les outils nécessaires. Dans un bloc de pierre récupéré chez un marbrier, mon père sculpte sa première œuvre : une tête d'homme. Il est en effet devenu ce qu'il avait promis. Il a intégré les Beaux-Arts d'Alger et, par prudence, a aussi appris l'architecture.

Dans les commandes qu'il réalisera plus tard pour l'État, ses connaissances en architecture lui seront fort utiles.

La bienveillance et l'ouverture d'esprit d'un artisan né pauvre, que l'on n'aurait pu blâmer de se méfier de la vocation d'artiste, et de recommander plutôt les métiers réels, utiles, m'ont été précieuses. Je crois que Papa de constaté combien lui avait réussi la liberté laissée par son propre père de suivre son destin. De quoi lui donner envie de marcher dans ses traces. Peut-être aussi croyait-il aux prémonitions, aux signes.

À Alger, un jour qu'après la lecture d'une pièce il rejoignait Jacques Copeau dans les coulisses, quelqu'un lança tout fort son nom : « Paul Belmondo ! » Celui-là s'exclama alors : « Belmondo !... Quel nom splendide ce serait pour un comédien ! » Il n'avait pas tort. Le sort, avec mon aide, a crédité son intuition.

*

L'Italie ne m'a pas retenu trop longtemps. Je dois confesser ici, au risque de passer pour un idiot, que, tout d'abord, je n'ai jamais trouvé Cinecittà. Que, ensuite, je me suis retrouvé complètement fauché. Et que, enfin, j'ai dû rentrer en train dans un wagon à bestiaux, la troisième classe.

Alors que je suis encore à Rome, errant en haillons, luttant contre la tentation de ramasser les pièces au fond de la fontaine de Trevi, je reçois un télégramme de la Comédie-Française. Il devrait me rendre fou de joie, fier et heureux comme si j'avais gagné au Loto. N'est-ce pas le but, l'objectif suprême, de n'importe quel élève du Conservatoire ? Cette institution n'est-elle pas la préparation officieuse à l'entrée dans le Saint des saints des comédiens ?

Chaque fois que l'un de nos camarades de l'école est choisi par les honorables sociétaires, nous le jalousons. Intégrer le Français, c'est comme devenir fonctionnaire dans un métier qui se caractérise précisément par sa précarité, ses aléas. À ceux qui y entrent sont donnés les moyens de monter des pièces, et même de les emmener en tournée. Et quand ils ont besoin de trouver des comédiens, ils engagent de préférence les élèves du Conservatoire, par esprit de chapelle – le sérail demeure avec le sérail – et par facilité. J'ai moi-même, et mes potes aussi, bénéficié de ce traitement de faveur avec Françoise Fabian, Annie Girardot et Michel Galabru. Celui-ci a notamment eu la bienveillance de m'embaucher dans deux pièces de

Molière, *Le Médecin malgré lui* et *George Dandin*. Dans cette dernière, j'occuperai le rôle de Lubin, que je maîtrise pour m'être entraîné en cours au Conservatoire. Je connais le texte et sais comment en flatter les ressorts comiques.

Je ne réagis donc pas mal lorsque l'on m'annonce que nous allons jouer la première sans avoir répété. Le jour dit, j'investis mon personnage comme j'en ai l'habitude, avec brio et maestria. Excité par la présence d'un vrai public, je donne tout dans ma scène, puis reviens en coulisses où je commence à me démaquiller.

Arrive alors Michel Beaune, qui est de la partie. Il me regarde, les yeux écarquillés, la bouche ouverte :

« Qu'est-ce que tu as ?

— Mais qu'est-ce que tu fais ?

— Tu le vois bien, je me démaquille !

— Mais tu es fou ! Tu as encore trois scènes à jouer. »

J'ai tellement répété la première scène de Lubin que j'ai oublié qu'il y en a d'autres. D'autres, dont j'ignore tout : les situations, le texte, mon texte, les répliques que mon personnage doit donner à George Dandin/Michel Galabru. Cette seconde où je prends conscience que je suis mal barré dure jusqu'à ce que mon jeune-vieux complice ne me laisse plus l'espace de réfléchir à une solution. Il me saisit par les épaules et me fait traverser le rideau. Je me retrouve face à mon employeur, qui ne tarde pas à se rendre compte que je suis incapable de suivre la scène. J'entends Michel Beaune qui essaie de me souffler en criant, assez fort pour que les premiers rangs l'entendent.

Mais je suis sans cesse décalé, malgré les efforts de ralentissement de mon partenaire. Et, quand je parviens à attraper des bribes derrière le rideau, je les mélange jusqu'à ce que mes phrases n'en soient plus. C'est une catastrophe.

Lubin a l'air d'être totalement demeuré, et les spectateurs ne sont plus sûrs de tout comprendre. À un moment, George Dandin me dit : « Ce que vient de m'apprendre cet homme est étrange ! » Mais je ne lui ai rien appris du tout. C'est plutôt cela qui semble étrange. Je ne me rappelle pas tous les détails de la fin de ce naufrage, si ce n'est une grosse engueulade avec une grosse voix. Michel Galabru m'a viré, comme je le méritais. Il m'a facilement remplacé, les candidats se bousculant au portillon. Mais l'autre n'a pas fait mieux que moi il a eu des trous de mémoire de la taille d'une tranchée et y a enterré ses chances de rester Lubin.

Je ne sais si cet épisode eut une quelconque influence sur l'esprit des parrains de la Comédie-Française, mais j'attendais en vain d'être appelé, comme certains de mes camarades, pour y jouer.

Le télégramme, même s'il tombe mal, à un moment où je ne suis pas parisien, devrait donc logiquement me satisfaire. Pourtant, c'est loin d'être le cas : je suis vexé. C'est encore pire que s'ils ne m'avaient rien envoyé du tout. Le job auquel ils ont pensé pour moi est... stagiaire. En l'occurrence, il s'agit de faire l'ouvreuse, de préparer des cafés, et mille autres petites tâches que je ne qualifierais pas de sottes, mais d'inadaptées à mon métier.

Je suis bien trop orgueilleux pour accepter une proposition que je perçois comme une déchéance. Je préfère alors, pour me moquer un peu d'eux et les aider à évaluer mon génie, poster une lettre qui dit : « Engagement à Cinecittà. Ne pouvons donner suite à votre proposition. »

Je suis assez content de ma blague, bien que, finalement, je sois obligé de me soumettre aux desiderata de la Comédie-Française, sous peine d'être renvoyé du Conservatoire. Il faut rentrer dare-dare et prendre ce qu'ils me donnent, la tête baissée, déçu de devoir obtempérer, comme à l'armée.

Ils m'ont jeté un os : un petit rôle dans la comédie en deux actes d'Alfred de Musset, *Fantasio*, mis en scène par l'une de mes idoles, Julien Bertheau, formé par Dullin, choisi par Buñuel. Il me charge de jouer l'un des paysans qui portent un cercueil. Normalement, mon apparition sur scène est rapide. Nous sommes censés dégager l'espace assez vite avec le corbillard. Mais je compte bien attirer l'attention d'une manière ou d'une autre dès le soir de la première. Alors je traîne des pieds et fais des têtes de souffrance. J'ai l'air de soulever une montagne, je dégouline sous mon grand chapeau noir, et me courbe comme si je portais la croix du Christ et sa couronne d'épines. Les yeux des spectateurs ne peuvent pas m'éviter, tant je me distingue par ma lenteur et le cœur inattendu que je mets à interpréter le malheur. Hormis l'originalité de mon jeu, j'ai droit à une réplique unique pour briller.

Durant les répétitions, Bertheau m'a conseillé de laisser une pause avant le dernier morceau de ma phrase : « Nous enterrons Saint-Jean, sa place est vacante, vous pouvez la prendre... si vous voulez. » Alors j'en profite honteusement, j'exploite la recommandation du metteur en scène. Je le fais, mû par ma bonne volonté pour distraire un public qui paraît s'ennuyer mortellement. En conséquence, je cherche l'effet comique, le rebond au milieu de ce tunnel morose. Je sors de scène comme prévu, tout en disant ma phrase. Je disparais derrière le rideau comme si ma réplique était achevée. Mais je réapparais devant les spectateurs avec mon « Si vous voulez ». La salle explose de rire, ce qui me conforte, récompensant mon audace. Que je ne regrette toujours pas le lendemain, au moment d'être admonesté violemment par l'administrateur de la Comédie-Française, Pierre Descaves, lequel me reproche mon sens de l'initiative.

Malgré mon évidente indiscipline, on me confie un autre petit rôle dans *L'Annonce faite à Marie*, joué en présence de son auteur, Paul Claudel. Mon camarade Marielle a lui aussi été recruté, ce qui nous donne une occasion de plus de faire les idiots. Le Français partage avec le Conservatoire ses mœurs austères, son esprit de sérieux, ses maîtres engoncés, sa propension à sacrifier le comique, trop populaire et méprisable, au profit du tragique, admirable et distingué.

Nous sommes réfractaires à la religion du vénérable établissement, et le manifestons dès que possible. La modération, valeur maîtresse de ces honnêtes hommes et femmes qui font la gloire de la Comédie-Française, nous va si mal que nous la dénaturons.

Lorsque l'on nous demande de nous tartiner les jambes de Bronzor, un autobronzant à effet immédiat, pour ressembler à d'authentiques campagnards au labeur dans les champs, nous obéissons bien sûr, mais en élargissant l'ordre. Nous ne nous arrêtons pas aux genoux, mais remontons jusqu'aux cheveux. Une fois l'application achevée, nous nous admirons dans le miroir de la loge dans laquelle nous nous préparons pour la première représentation du drame claudélien. Notre hâle, fort peu naturel, est risible : nous ressemblons à du pain d'épices brûlé ou à du lard orangé. En fait de gaillards rustiques, nous avons l'air de riches Américaines qui se seraient oubliées au soleil de la Riviera. Au moins, nous sommes remarquables de loin – nous dénotons.

Le texte que j'ai à prononcer cette fois est particulièrement court. Mais, tout comme dans *Fantasio*, je suis assez inventif pour mettre ma petite réplique à bon escient. Je prends donc ma meilleure voix, celle qui imite Michel Simon, et propose une suite de grimaces originales en énonçant cette phrase passionnante et percutante : « Mon petit pain est gelé. »

Une fois encore, j'ai fâché les pontes de la Comédie-Française qui voyaient d'un mauvais œil, rétrograde, mes innovations contemporaines. L'avis de Claudel sur mon interprétation joyeuse d'un rural qui a faim ne m'est pas parvenu ; j'espère seulement qu'il en eut un. J'avais conscience de mon paradoxe de comédien. Je tentais encore et encore de monter les marches d'un temple où je n'avais aucune chance, ni même envie, d'être prêtre. Je cherchais la consécration de l'ordre établi alors que j'étais naturellement voué à le bouleverser. À vrai dire, les règles strictes qui présidaient au Français, le système de classes, symbolisé par les portes, grandes ou de service, pour les maîtres ou pour les esclaves, pour les gloires ou pour les laquais, me dégoûtaient. Le Français et le Conservatoire me filaient parfois la chair de poule, comme deux théâtres de momies. Dans le second, l'on apprenait finalement à se conformer pour le premier – ou, pour des types dans mon genre, à le supporter en se rabotant sans cesse le caractère.

Malgré tous leurs défauts, je quêtais leur accolade, je voulais gagner leur estime. Plus ils me rejetaient, plus ils me piquaient en me virant pour des motifs dérisoires, ou en me laissant échouer plusieurs fois au concours d'entrée, plus j'aspirais à une revanche, à un brillant retournement de situation. Je finirais bien par les amadouer, par les mettre à genoux – au minimum – devant mon talent. Je ne cédais pas devant la difficulté.

Ma mère m'avait appris comment faire, avec la volonté. Et j'allais enfin lui prouver que je n'étais pas un bon à rien : j'allais obtenir – je faisais tout pour – un prix de sortie du Conservatoire.

9

Défaite, fêtes et cinéma

À la fin de l'année, les élèves passent un genre de concours de fin d'études par catégories, dont les épreuves se déroulent en public. De leurs performances dépend leur avenir. Un premier ou un deuxième prix à l'une des épreuves constituent de précieux sésames. J'ai essayé deux fois de m'y distinguer, sans succès. Cette fois, je suis sûr de moi : je ne repartirai pas bredouille. Et les copains, peut-être complaisants, m'encouragent dans mes présomptions : je serai lauréat, je laisserai le Conservatoire comme je ne l'ai pas trouvé : m'adulant.

Je vais me confronter à un jury dont je connais les affinités avec le classicisme et l'appréciation sur les libertés de mon jeu. Mais j'y vais, entre autres, avec mon talisman, mon personnage intime : Scapin. Grâce à lui, je ne crains pas cette salle, le Théâtre de l'Odéon qui déborde de juges en civil, metteurs en scène, réalisateurs, critiques, comédiens.

139

Cependant, malgré les rires que je ne manque pas de provoquer en quantité suffisante pour m'accorder de bonne foi un soupçon de talent comique, et deux heures de réflexion secrète, voire impénétrable, les jurés ne me concèdent qu'une sixième place, un deuxième accessit. La déception est un mets que, se conservant mal, il est plus prudent de jeter pour prévenir les aigreurs. Ma seule consolation réside dans la gratification obtenue *ex aequo* par mes amis Michel Beaune et Dominique Rozan : un deuxième prix. Et dans le fait que, ce jour-là, aucun premier prix n'est attribué.

Le lendemain, j'ai une nouvelle chance de changer de menu. Avec du Feydeau, *Amour et Piano*, au concours de comédie moderne. La pièce, depuis sa création, n'a presque pas été présentée au Conservatoire, qui la snobe probablement pour cause de drôlerie. Pourtant le texte, comme souvent chez cet auteur, est alerte, intelligent, vivant ; il dévale, saute et rebondit. Je fais corps avec lui et j'y prends un plaisir fou.

À l'entendre, le public aussi, qui me suit, et que j'ai semble-t-il conquis. J'espère l'emporter ; j'ai la foi, je ne l'ai jamais autant ressentie. Sans nul doute, les seize hommes gris du premier rang vont s'incliner. J'ai choisi la scène VI, dont le comique repose sur une situation de quiproquo, mais j'y ai intégré toutes les répliques marrantes de l'œuvre en un acte.

Le personnage que je campe, Édouard, sous l'effet de mes ajouts et de ma mise en scène, de provincial un peu naïf, devient un jeune homme roué, coquin, histrionique, et à moitié cinglé. Je sens que plus je suis fou dans mon interprétation, plus j'entraîne le rire des spectateurs dans mon sillage.

C'est la principale vertu du théâtre que d'offrir un espace de liberté totale dans un cadre sécurisant. Quand je fais le dingue, que j'ouvre les vannes, les trappes, les règles, je ne fais en réalité que proposer à ceux qui me regardent de le vivre par procuration, de se libérer un moment de leur quotidien, de leurs pesanteurs, d'aller loin sans avoir jamais quitté leur fauteuil.

Je me rends compte ce jour-là, en présentant du Feydeau de cette manière, que je pousse l'anticonformisme au seuil de la provocation. Mais, bizarrement, j'ai confiance en l'intelligence du jury et en l'influence du public sur lui.

Arrive l'heure du verdict. Nous sommes alignés derrière le rideau, brochette de candidats aux honneurs, en attente des résultats de longues délibérations qui vont nous départager. À chaque annonce d'un prix, son vainqueur doit entrer en scène pour se faire acclamer et, remercier les dieux de l'avoir élu. Mais, ce soir-là, ce sont deux gagnants qui se détachent des autres pour le premier prix : Michel Aumont et Jean-Claude Arnaud. Rien de surprenant, finalement, compte tenu de leurs qualités amplement plus académiques que les miennes.

La faiblesse de mon étonnement n'empêche pas la tristesse d'un énième dépit, auquel s'adjoint bientôt la colère lorsque le directeur du Conservatoire, Roger Ferdinand, cite mon nom pour un « rappel du premier accessit de 1955 ». Je vois une pointe de sadisme dans le fait de me primer en me refilant une vieille récompense mitée datant de l'année précédente. En sus de me refuser la médaille d'or.

Profondément irrité par ce que je considère comme un double affront, je reste caché avec les perdants, derrière le rideau. Le directeur répète alors mon nom et des sifflets se font entendre. Je ne bouge pas davantage. Peu à peu, dans la salle, mon nom est clamé par les spectateurs. De plus en plus fort.

J'attends que le public, largement infiltré par des élèves du Conservatoire, avec lesquels dans l'ensemble je m'entends bien et qui éprouvent une forme d'estime pour mes audaces, m'appelle en tapant des pieds jusqu'à faire trembler le sol. Je souris en imaginant la tête du dirlo en train de paniquer. Les machinistes, qui se trouvent en coulisses avec moi, finissent par m'attraper à plusieurs et par me tirer sur scène.

Là, des copains qui ont reçu un prix, Michel Beaune, Dominique Rozan et Victor Garrivier, indignés par ce qu'ils perçoivent comme une injustice, me soulèvent et me portent sur leurs épaules, comme si j'avais gagné une bataille majeure. L'enthousiasme me gagne, je vole littéralement sous les hourras de la salle, j'ai le prix du public. D'ailleurs, les jurés officiels, outrés par cette révolte du « peuple », ne veulent pas assister à mon triomphe : ils préféreraient être aveugles, voire morts, plutôt que de me voir dessiner le V de la victoire au-dessus de la foule. Ils s'en vont si vite que j'ai à peine le temps de leur faire un bras d'honneur en apesanteur.

Je reste assez longtemps en l'air pour retrouver le souffle que m'ont coupé les petites humiliations du Conservatoire et pour penser à l'absence de ma mère.

En dépit de mon discours bravache, je redoutais de rater le concours, de mal jouer, d'être nul. Alors je l'ai priée de ne pas venir. Maintenant, je le regrette. J'aurais adoré qu'elle me voie plébiscité par cette salle qui s'est rebellée contre un résultat inique, qu'elle entende Henri Rollan me dire, ému : « Le professeur ne t'approuve pas, mais l'homme te dit bravo ! », Jacques Ciron me lancer : « Tous des cons ! », ou même Marcel Achard prendre la peine de me détester avec un : « Vous vous croyez drôle ? Vous ne l'êtes pas ! »

Elle aurait été fière de voir que ma consécration avait été imposée par le plus grand nombre.

Ce parti pris, que le public a toujours raison dans ses choix, toujours et avant tout, je ne m'en suis pas départi. Et il m'a toujours semblé que les critiques faisaient preuve de la plus grande arrogance et bêtise en se permettant de remettre en question les goûts et les couleurs des spectateurs.

Encore aujourd'hui, je suis convaincu qu'un bon film fait l'unanimité chez les gens de bonne foi et qu'il se passe dès lors fort bien de critiques positives ou négatives, dont l'on sait qu'elles peuvent également susciter, par l'opération du Saint-Esprit de la Communication, une augmentation du nombre d'entrées.

L'épisode du concours s'est déroulé en présence de journalistes qui, trop contents d'être dispensés d'une seule énumération fastidieuse de candidats, mais équipés de la matière nécessaire à un article narratif et épique, font mention de mon cas. C'est la première fois que mon nom apparaît dans le journal, dans *Paris Presse*, avec une photo de moi en illustration. Maman peut assister en différé à la scène dont je l'ai privée. Quant à Papa, à qui j'ai téléphoné pour lui raconter, il regrette que mon succès ne soit pas décerné par le jury officiel, qu'il n'y ait pas eu un vrai prix à la clé pour moi, quelque chose de gravé dans le marbre. Il ne fait qu'exprimer ce que, dans le fond, je pense.

Une fois passée la joie de la reconnaissance du public, je tombe dans un état de chagrin que je n'ai encore jamais connu.

L'été est là, mais le soleil ne m'éclaire plus. Mon pote Pierre Vernier, *alias* Pilou, inquiet de me voir si triste, décide alors de m'embarquer dans sa 4 CV Renault décapotable, direction le sud, pour une tournée des copains. Nous allons notamment perdre un concours de pétanque à Sisteron contre des amis de ma famille.

Grâce à cette escapade, je récupère bien sûr mon sourire. Mon ressentiment, en revanche, ne me lâche plus et distille en moi une puissante envie de vengeance. Qui ne m'a jamais quitté, me donnant une hargne saine. Car j'ai sans cesse cherché les moyens de démontrer à ces messieurs du Conservatoire qu'ils s'étaient lourdement égarés à mon sujet, et à ceux du Français que je méritais amplement de faire partie des leurs.

Cet esprit de revanche a contrebalancé le découragement qui me guettait de temps à autre. Heureusement, j'avais Élodie à mes côtés pour me redonner la confiance nécessaire, l'énergie vitale. Et les camarades de Saint-Germain-des-Prés, fidèles au poste, toujours prêts à produire de la joie. Les occasions de déconner sont légion, et nous n'en ratons aucune.

Une valise en carton, par exemple, peut servir de ballon, et nous engager dans une partie de foot improvisée devant le café de la Comédie-Française. Ce jour-là, ça m'a valu d'être accosté par un homme qui m'a demandé, suscitant dans notre groupe un éclat de rire : « Vous ne voudriez pas faire du cinéma ? »

Nous l'avons pris pour un plaisantin. À tort, car il s'agissait bien d'un réalisateur, Henri Aisner, et sa proposition était tout ce qu'il y avait de plus réel et de plus sérieux. Il préparait un film pour le compte de la CGT, dont le propos était de célébrer la fraternité ouvrière et qui devait s'appeler « Demain nous volerons », mais s'intitulera *Les Copains du dimanche*.

L'histoire me plaisait bien, car il était question d'une bande d'amis qui, bossant dans une usine, se mettaient d'accord pour redonner des ailes à un vieil avion déglingué. Dans la clique en question figuraient Marc Cassot en tant que comédien chevronné, Bernard Fresson et Michel Piccoli, avec qui je me liais aussitôt d'amitié.

Nous passons un mois et demi ensemble à tourner sur un vieux terrain d'aviation près de Paris et, comme de coutume, à faire les idiots. Entre deux bêtises, je fais connaissance avec la caméra. C'est une nouvelle sensation que de n'avoir d'autre public que ses partenaires ; c'est comme de jouer sans miroir, dans le vide.

Je ne sais pas ce que je donne sans réaction immédiate. À l'inverse, je peux me voir après et me critiquer, car je perçois exclusivement mes défauts. Surtout, ce que je visionne après coup ne correspond jamais à ce que j'ai eu la sensation de faire : le « je » de la pellicule est un autre que celui du plateau. Et cette distorsion me dérange trop pour la rechercher.

Durant toute ma carrière, j'ai veillé à m'éviter à l'image : je me suis choisi acteur et me suis refusé spectateur. L'expérience me fait remettre en doute ce que les professeurs du Conservatoire nous répétaient à longueur d'année, à savoir que le comédien est infiniment supérieur à l'acteur, que le théâtre est le parent noble, et le cinéma, le cousin plouc de province.

Cette différence éclatante entre les vertus exigées d'un comédien et celles d'un acteur ne m'aura pas frappé. Je fais au mieux pour me familiariser avec la technique cinématographique, me placer, faire attention à des détails qui se verront à l'écran quand ils auraient été masqués sur scène. Je ne suis pas certain d'être bon, mais j'aime ça, au point de confier à Marc Cassot que je ne pourrais faire que cela.

En réalité, dès le tournage terminé, je cours les castings de théâtre, car je n'y ai pas renoncé et n'ai pas le luxe de choisir entre l'écran et les planches. Je suis d'accord pour accepter n'importe quel petit rôle, du moment que je travaille.

Avant le court bonheur d'*Oscar*, je suis engagé pour interpréter au théâtre Sarah-Bernhardt une sentinelle romaine dans une pièce de George Bernard Shaw, *César et Cléopâtre*, mise en scène par Jean Le Poulain.

Si mon rôle n'est pas primordial, il est accompagné d'une scène idéale pour moi : un combat au glaive, où je peux déployer mes talents physiques. Dans la peau de César, c'est un acteur dont j'admire le style cape et d'épée et l'aura solaire : Jean Marais. Il est déjà une vedette, et pourtant ne le fait sentir à personne : il s'amuse avec les autres comédiens et les techniciens, nous encourage d'une bonne appréciation, reste avec nous après les représentations. Avec moi, il est particulièrement aimable. Il me trouve du talent, de l'énergie et des charmes qu'il ne serait pas mécontent d'explorer. Au fait de ma solide hétérosexualité qu'évidemment il regrette, il se place au cas où et, un soir, avec un sourire entendu, il me lance : « Si par hasard tu deviens pédéraste, tu me le diras. » Hélas, je n'ai jamais pu le lui dire, j'aurais menti.

En plus de la bonne humeur, du plaisir de manier l'épée, et de l'exercice de mes attraits sur Jean Marais, je gagne l'occasion d'être mis en contact avec le réalisateur Marc Allégret, qui m'offre, aux côtés des stars Henri Vidal et Mylène Demongeot, un petit rôle dans un film parlant au titre de muet : *Sois belle et tais-toi*.

Lorsque je me rends à la production pour signer mon contrat, dans le bureau, quelqu'un attend néanmoins déjà et passera donc avant moi. J'ai alors cette désagréable sensation, qu'on nomme « impatience », d'être dans la salle d'attente en hiver d'un médecin généraliste réputé. J'exagère bien sûr, mais je n'ai pas de temps à perdre avec des papiers et suis déçu de savoir que je serai là un bout de temps alors que j'ai plutôt prévu la rapidité du paraphe. L'homme, vraisemblablement débutant comme moi et qui se trouve là avant mon arrivée, ne montre quant à lui aucun signe d'agacement : pas de pied ou de jambe en métronome, pas de soupirs, pas de mâchoires serrées ou d'yeux furibonds. Au contraire de ma personne, parfaitement tendue, prête à mordre, convaincue qu'ils font exprès de me faire poireauter.

Je m'enquiers, d'un ton qui trahit mon projet de m'en aller immédiatement, de la longueur de mon calvaire en l'interrogeant sur le sien : « Il y a longtemps que tu es là ? » Il me jette un regard bleu acier et me dit : « Calme-toi, ils sont là. »

En effet, je vois les deux grandes portes du bureau s'ouvrir et j'entends qu'on l'appelle : « Alain Delon, vous pouvez entrer. » Il se lève alors et disparaît. Pas pour longtemps cependant, car je retombe sur lui quelques jours plus tard dans mon quartier de prédilection. Entre nous commence une amitié qui ne s'est jamais tarie.

On nous opposera tout au long de nos vies, cherchant à créer une adversité dont la légende pourrait se nourrir.

En fait, nous sommes proches, en dépit d'une divergence évidente d'origine sociale. Son enfance a été aussi triste, pauvre et solitaire que la mienne a été joyeuse, bourgeoise et pleine d'amour.

Nos passés nous ont certainement conditionnés à être, l'un ténébreux, l'autre malicieux, mais nous avons en commun un désir d'aventure, un plaisir viscéral à être acteur, une sincérité dans le jeu. Le hasard nous a épargnés en nous évitant la concurrence. Le seul rôle que je devais tenir et qu'il aura finalement eu sera celui de *Monsieur Klein*. Et encore, nous ne serons pas en lice en même temps. Costa-Gavras, qui n'aura pas réussi à trouver les fonds pour monter son film, abandonnera le projet, jusqu'à ce qu'Alain décide d'aider le réalisateur à le produire. Il était parfait dans la peau de cet homme traqué par les nazis, bien mieux que je ne l'aurais été.

C'est plutôt de Laurent Terzieff que je dois me méfier dans ces années de premières expériences cinématographiques.

Un jour, je me retrouve en finale du casting d'un film important face à cet acteur impénétrable et mystérieux, à la voix et à la diction incroyables. Le génie des *Enfants du paradis* et des *Visiteurs du soir*, Marcel Carné, a planifié un film sur la jeunesse dorée des années 1950. Il s'est inspiré de deux jeunes qu'il connaissait pour en tirer un scénario compliqué, assez artificiel et au propos contestable.

Malgré l'immense succès que *Les Tricheurs* ont rencontré en salle, le long métrage à thèse de Carné a suscité de virulentes critiques, épinglant sa vision biaisée et fausse d'une génération qu'il prétendait avoir comprise.

En ce mois de février 1958, tous les débutants que compte la capitale auditionnent pour un rôle dans ce film. Parmi eux, je parviens à attirer l'attention de Carné, qui hésite, longtemps, à me confier le rôle principal. J'apprends que mon concurrent sur le coup est Laurent Terzieff, un jeune comédien avec lequel j'ai sympathisé pendant la préparation. Nous en parlons franchement et décidons que celui qui l'emportera paiera une bouffe à l'autre.

Ni lui ni moi ne sommes prêts à nous détester pour être en haut de l'affiche. Ce n'est pas le genre de la maison. Le sport me l'a appris : il faut douloureusement manquer d'orgueil pour être capable de se montrer mauvais perdant.

Après un mois et demi de tergiversations, Carné désigne finalement Terzieff, qui m'invite comme convenu à dîner. Et moi, je donne raison au réalisateur, car je ne me vois pas tellement interpréter un jeune philosophe calme et pédant. En lot de consolation, on me confie un autre rôle. Je suis d'autant plus satisfait que, pour une fois, la paie remplit mes poches. Et puis, nous allons tourner dans ma juridiction, la germanopratine, aux terrasses des cafés qui accueillent ma débauche et des figurants, de vrais locaux avec lesquels je fraie depuis longtemps.

Toute la rue Saint-Benoît est là et, en dépit du caractère secondaire de mon rôle, je suis beaucoup réquisitionné, car présent en tant que décor dans la plupart des scènes. Je passe donc un temps fou à déconner avec les copains de la rue, attablés pendant des heures devant les whiskies offerts par la production. Au bout d'un moment, nous sommes totalement cuits et il devient difficile de nous contrôler. *Oscar*, la pièce que je joue le soir, contribue à l'énergie que je dépense dans *Les Tricheurs*, en position assise.

Le pauvre réalisateur, quelque peu dépassé par ces jeunes gens qu'il est supposé cerner dans son film, s'escrime à imposer son autorité. Mais, l'alcool soufflant, nous la rejetons d'abord poliment, puis grossièrement.

Il n'est pas rare que nous finissions par hurler des « Ta gueule, Marcel ! », qui le mettent en rage. Sa figure décontenancée nous débride encore plus et nous plonge dans des fous rires qui se terminent la plupart du temps sous les tables.

Comme j'aide amplement à foutre le bazar, Carné pense que c'est une manière de me venger de n'avoir pas eu le rôle de Terzieff et que je lui en garde rancune. C'est que l'on me prend parfois trop au sérieux, attribuant un sens à mes actes qui n'en ont d'autre que la poursuite de la joie, soupçonnant une préméditation à ce qui se produit souvent dans la fulgurance de l'instant.

La même année, Marc Allégret, avec lequel mes rapports sont plus simples qu'avec le réalisateur des *Tricheurs*, m'a rappelé pour jouer dans son *Drôle de dimanche*.

Il a gardé un bon souvenir de ma performance dans *Sois belle et tais-toi*, malgré un défaut venu du théâtre qu'il m'aide à corriger : dire mes répliques d'une voix tonitruante. Sur le plateau, il se marre en voyant les tech-

niciens sursauter, et m'interpelle d'une voix rigolarde :
« Parle un peu moins fort ! »

Le tournage de ce deuxième film avec lui est prévu
à Paris, mais la météo, trop mauvaise, le déplace à Marseille. Quand nous arrivons dans la cité phocéenne, il se
met à pleuvoir des cordes. Tout le monde pouffe. Dans
l'équipe ont été recrutés de joyeux lurons : Danielle Dar-
rieux, Arletty, Bourvil.

Avec celui-ci, nous passons des moments formidables. Il
raconte des histoires comiques qui déclenchent chez lui des
rires si communicatifs que l'assemblée tout entière cède à
l'hilarité. J'apprécie Arletty, dont j'admire le talent et le
comportement aristocratique. Comme nous finissons tard
le tournage, au petit matin, et que je n'ai pas de voiture,
il m'arrive de la raccompagner en taxi jusqu'à son hôtel.

Plus tard, comme ce *Drôle de dimanche* fera ma fortune, j'achèterai un véhicule à mon goût : une Sunbeam
noire. Pour la première fois de ma vie, je toucherai un
million d'anciens francs, somme considérable que je m'ef-
forcerai de dépenser à bon escient. Et, notamment, en
emmenant ma promise, Élodie, pour une virée romantique
et luxueuse dans le Sud et un séjour inoubliable dans un
grand hôtel, le Noailles.

Ce confort donné par un cachet conséquent finira de
me convaincre de me marier. Le temps du changement
est venu, ma vie doit prendre forme.

10

Et puis, Godard

Tout, chez lui, m'horripile.

D'abord, il s'adresse à moi sans jamais ôter ses lunettes de soleil, ce qui me semble de la plus grande impolitesse et parfaitement suspect. Comment savoir à qui l'on parle lorsque l'on n'a pas accès à ses yeux ? Comment être certain que je ne vais pas arracher ces lunettes et les jeter dehors, dans le caniveau ? Ensuite, il paraît cultiver son aspect négligé en ne se rasant ni ne se coiffant, mais en fumant des cargaisons entières d'épouvantable Boyard jaunes.

Et puis, son élocution est d'une lenteur telle que, avec lui, *Le Soulier de satin* durerait sept jours et que, à moi, il faudrait de l'opium pour supporter sans bondir cette mollesse verbale. Enfin, l'air triste qui émane de toute sa longue personne donne l'impression que l'on vient d'écraser son chien, tuer sa femme et ruiner l'avenir.

Cette évidente neurasthénie n'est, en outre, pas contre-dite par sa voix, qu'il a très basse.

Il vient de m'intercepter dans la rue alors que nous nous croisions. Je l'observe, dubitatif. Et ma sensation ne s'arrange pas alors qu'il énonce une proposition douteuse : « Venez dans ma chambre d'hôtel, on tournera et je vous donnerai 50 000 francs. » Je ne réponds pas clairement, mais j'abrège l'entretien et rentre chez moi : je suis certain que c'est une proposition douteuse.

À la maison, mon épouse Élodie, à laquelle je raconte l'entrevue, tente de me rassurer. Elle me rappelle mes talents de boxeur et ma facilité à pratiquer le coup de poing. Elle ajoute que, si le réalisateur de la Nouvelle Vague tentait une quelconque approche, je serais en capacité de me défendre.

Ses critiques dans *Les Cahiers du cinéma* font un bruit assez particulier pour que ma femme, intuitive et intelligente, l'ait remarqué. Elle perçoit sa modernité et parie sur son talent, m'incitant à m'y associer. Je l'écoute et me pointe à l'hôtel du boulevard Raspail dans lequel il a élu résidence.

En arrivant dans sa chambre, je comprends instantanément que ce n'est pas un traquenard. Un court métrage est bien tourné ici : il n'est pas seul, mais entouré de toute une équipe de jeunes gens joyeux et sympas. Ce qui se dégage de ce rendez-vous cinématographique en chambre est une atmosphère de liberté et de gaieté attenante.

L'histoire de *Charlotte et son jules*, un marivaudage misogyne dans lequel une femme quitte un homme en haut pour un autre en bas, en emportant sa brosse à dents, y contribue. Mais c'est la façon de diriger, en ne dirigeant pas, de Godard qui la permet. Pour lui, rien n'est jamais écrit ; les actions doivent naître dans l'instant et les personnages demeurer aussi flottants, aussi complexes, aussi peu caractérisables que dans la vraie vie. Masques nous sommes, masques nous resterons. Les notions de rôle et de scénario, il les dynamite. Il ne se trouve qu'en se perdant ; il évite soigneusement de savoir où il va pour être certain d'atteindre son but. Il recherche l'incessante surprise, l'improvisation, le vivant.

Cette manière de faire du cinéma, naturelle, me plaît tellement que je lâche la bride à mon jeu. C'est un plaisir inconnu, nouveau. À la fin de ce bref et enthousiasmant tournage, Godard me dit avec son accent suisse du Vaudois : « Le jour où je ferai mon premier long métrage, ce sera avec toi. »

Cette promesse, je le confesse, me fait chaud au cœur, mais je la reçois comme un vœu pieu, un serment de cinéma, une illusion du moment. Les moyens manquent souvent aux artistes, et la constance encore davantage.

Quelques semaines plus tard, pourtant, il récidive – cette fois par écrit. Alors que je suis en train de suer en Algérie, j'ai droit à une lettre de Godard dans laquelle il me demande l'autorisation de me doubler lui-même dans *Charlotte et son jules*. Il achève sa lettre par un engagement à me confier le rôle principal de son premier long métrage.

De là où je me trouve, au fond du trou, son message me ravit, mais me semble encore plus lunaire que la première fois. Je lui donne évidemment mon accord pour me remplacer, moi qui suis coincé au bled, afin que son court métrage puisse sortir.

Non seulement *Charlotte et son jules* est achevé, mais il recueille un avis favorable chez les critiques. En revanche, m'entendre débiter en version suisse mon monologue, entrecoupé d'exclamations dites avec nonchalance, me fait un drôle d'effet. Et aux autres aussi. Jacques Becker, qui souhaite m'embaucher pour jouer dans son film *Le Trou*, renonce à moi à cause de cette voix qui n'est pas ma voix. On remarque donc ma prestation dans le court métrage de Godard, mais un malentendu se crée autour du contraste entre mon physique et mon timbre.

Peu de temps après la sortie du film et mon retour d'Algérie, Claude Chabrol – lequel appartient au même courant libertaire que mon nouvel ami suisse et doit être au courant que j'ai été doublé dans *Charlotte et son jules* – valide la proposition des frères Hakim, les producteurs de son film *À double tour*.

Sur eux, je suis aussi tombé grâce au hasard qui me fait traîner avenue des Champs-Élysées. Un jour, j'y rencontre Jean-Claude Brialy, que j'ai souvent côtoyé du côté de la rue Saint-Benoît. Il semble très mal en point : il souffre d'un affreux mal de dos qui nécessite une opération et le contraint à abandonner, trois jours avant le tournage, son rôle dans le long métrage de Chabrol. « Appelle les producteurs, les frères Hakim, me dit-il ; ils cherchent quelqu'un pour me remplacer de toute urgence ! »

Je le remercie du tuyau et m'exécute. Quand j'arrive dans le bureau des nababs, ils commencent par me trouver laid, et l'expriment. En conséquence, je m'apprête à leur montrer mon dos, mais ils me rattrapent avec des paroles mielleuses. Quelques instants plus tard, ils profitent de ma crédulité de débutant du septième art pour économiser sur mon cachet. Ils me racontent que le réalisateur a émis de sérieuses réserves à mon sujet, qu'il ne veut pas de moi dans ce rôle, que la seule manière qu'ils ont de m'imposer, en tant que producteurs, c'est l'argument du coût. Si je suis bon marché, alors...

Ce n'est que plus tard, en discutant avec Claude Chabrol, que j'ai compris l'arnaque. Le principal était gagné : j'avais le contrat pour interpréter un personnage avec lequel je me sentais des affinités, un individu perturbateur qui dénonce les tartuferies de la société, un pur rebelle.

Chez Chabrol aussi, la liberté de ton me permet d'expérimenter ma folie, de pousser mes intuitions à l'excès, d'aller plus loin que demandé. Et parfois au-delà des bienséances. Une fois, comme ça, je retire mon slip devant Madeleine Robinson, qui ne s'y attend pas et pique un tel fard qu'il en est visible à l'image.

Mon copain le plus dingue, Mario David, a lui aussi un rôle dans ce *À double tour*, ce qui finit de me déchaîner. Et Philippe de Broca en est l'assistant réalisateur...

La fin de ce tournage nous laisse aussi tristes qu'un adieu sur un quai de gare un jour de mobilisation. Et me convainc définitivement que la Nouvelle Vague, j'aime ça. Ses génies, Chabrol, Truffaut et Godard, s'entraident pour mener à bien leur révolution. Ils écrivent ensemble, s'inspirent les uns des autres, font bénéficier aux autres du succès des uns.

Jean-Luc Godard n'a pas menti. Le bruit court que son projet de long métrage dont Truffaut a écrit le scénario et que cautionne Chabrol, auréolé du triomphe du *Beau Serge* et des *Cousins*, est en voie de se concrétiser. Un petit producteur a accepté de financer l'affaire et le réalisateur cherche son actrice. Il a déjà essuyé un refus d'Annette Stroyberg – ou plutôt de Roger Vadim, qui craint de mettre sa petite amie dans les pattes du cœur d'artichaut du Vaudois. Quant à son acteur, je n'ai rien entendu à son sujet, mais suppose qu'il se jettera sur n'importe quelle célébrité consentante. J'ai déjà assez d'expérience pour ne pas me fier à ses déclarations.

Sauf que, cette fois, l'offre paraît sérieuse, maintenue depuis qu'il en a eu l'idée. Godard me téléphone pour m'annoncer que je serai, si je suis d'accord, son acteur dans *À bout de souffle*. Je n'en apprendrai pas tellement davantage avant le début du tournage. Sans me donner le scénario de Truffaut, il me résumera l'histoire de son film en ces termes : « C'est l'histoire d'un type. Il est à Marseille. Il vole une voiture pour retrouver sa fiancée. Il va tuer un flic. À la fin, il meurt ou il tue la fille, on verra. » Avant de me fixer rendez-vous au Fouquet's pour conclure notre accord.

Que je signe contre l'avis de mon agent. Celle-ci affirme que je fais la plus grosse erreur de ma vie, parce qu'elle aurait préféré me voir figurer dans un film de Duvivier dans lequel elle tentait de me placer, et parce qu'elle estime le montant de mon cachet ridiculement bas – 400 000 francs anciens.

En effet, Georges de Beauregard est un producteur pauvre qui trouve des stratagèmes afin d'économiser l'argent qu'il n'a pas. Il valide le choix de Godard, peu onéreux, mais s'inquiète aussi de louer une actrice bon marché.

Le réalisateur qui, pour être branque, n'en est pas moins malin, lui suggère alors Jean Seberg, qui a acquis une notoriété avec la *Jeanne d'Arc* et le *Bonjour tristesse* d'Otto Preminger. Il arguë que, habitant Paris, elle ne vaut plus rien aux États-Unis et qu'elle sera facile à reprendre à Columbia, avec qui elle est sous contrat, à peu de frais.

À l'écoute de la ruse du cinéaste, Beauregard retire ses lunettes, ce qui équivaut à une opinion très favorable. Il demande même à l'intellectuel futé, pour ne pas paraître trop prosaïque, trop marchand de soupe, si ce n'est pas une concession trop douloureuse pour lui que de prendre Jean Seberg dans *À bout de souffle*. Ce qui revient à poser la question à un ours de savoir s'il apprécie le miel : le réalisateur, à cette époque, brûle secrètement d'amour pour l'Américaine et rêve de la faire tourner pour se rapprocher d'elle.

Georges de Beauregard se fend d'un télégramme de vingt pages à destination de la Columbia pour obtenir qu'elle lui cède Jean. Et elle accepte, trop content de se débarrasser d'une actrice qui leur coûte un bras et ne rapporte plus un clou.

Godard est plus que satisfait. Il m'avouera avant le début du tournage : « Ce que j'aime en elle, c'est le mystère qu'elle dégage. On peut tout lui faire jouer avec vraisemblance. Elle peut aussi bien être une garce, un ange, une putain. Une pucelle attardée ou une nymphomane. »
En fait, elle correspond trait pour trait à l'image qu'à l'époque Godard se fait des femmes – assez mauvaise. Il reproche au sexe faible d'être impénétrable, égoïste et assez lâche pour tout sacrifier à sa sécurité. Il souffre, je crois, de ne pas faire aux femmes l'effet qu'il fait aux producteurs et aux journaux. À sa décharge, on dirait qu'elles préfèrent quand même un beau garçon musclé et bronzé à un cérébral gris et torturé. À leur décharge, on dirait que Godard ne fait pas toujours assez d'efforts pour se rendre aimable et amadouer leur timidité. Sa propension au mutisme n'aidant pas.

Un soir, il m'emmène dîner. Je suis content d'aller dans cette pizzeria de la rue Saint-Benoît avec lui, mais je déchante rapidement : il ne prend pas la peine de décrocher un mot. Être avec moi à table semble lui suffire.

Peut-être converse-t-il avec moi en télépathie ? Ma soirée sera mortelle, mais originale. Au moment de nous quitter, il semble ravi puisqu'il me dit : « On a fait un très bon repas, tu ne trouves pas ? »

Rien n'est jamais ordinaire, avec lui. Je découvre ainsi que le fameux scénario écrit par Truffaut et dont il est censé tirer *À bout de souffle* n'est en réalité qu'un bout de papier comportant un résumé de l'histoire, ou plutôt son point de départ : « À Marseille, un jeune gangster vole une voiture américaine pour se rendre à Paris. Pour échapper en route à un contrôle de police, il tue un motard. À Paris, il retrouve une jeune Américaine qu'il aime et qu'il essaie de décider à s'expatrier avec lui. La fille hésite, mais n'hésite pas à le dénoncer pour échapper à une manœuvre de chantage de la PJ. Le jeune gangster, trahi par sa maîtresse et dégoûté, se laisse assassiner par les deux policiers lancés à ses trousses. » L'autre mensonge dans le générique annonçant le film était la « supervision de Claude Chabrol ».

Évidemment, Godard est assez dégourdi pour se passer d'un chaperon. Et d'un script.

La veille du premier jour de tournage, il n'a encore rien écrit du tout. Moi qui suis habitué à voir les réalisateurs débouler avec des tonnes de paperasse, paquets d'adaptations polycopiées, je m'étonne qu'il vienne les mains vides et lui demande, par curiosité : « Tu sais au moins ce que tu vas faire ? » Je repars avec une très longue réponse : « Non », qui ne fait que m'attiser.

Le lendemain, le 17 août 1959, il apporte avec lui des feuilles de cahier noircies de notes diverses et de dessins. Mais il ne les utilise jamais. Les seules certitudes qu'il a concernent la psychologie de ses deux héros et les trois lignes de l'histoire. Le reste viendra tout seul *in vivo*. Dès les premières minutes de tournage, le ton du film de Godard m'est donné : la liberté absolue, parfois déconcertante. Il me dit, en me désignant l'Univers, boulevard Saint-Germain :

« Tu vois ce bar, tu rentres dedans.

– Et j'y fais quoi ?

– Ce que tu veux.

Ensuite, c'est dans une cabine téléphonique qu'il m'incite à me rendre. Pareil, j'interroge :

– Et je dis quoi ?

– Ce que tu veux. »

La journée se déroule comme elle a démarré, dans le vagabondage. Ça me convient. Je ne réfléchis pas à ce que veut Godard, qui n'a pas l'air de le savoir lui-même. Je joue, j'improvise, je lance des phrases. Je retrouve la pureté de nos spectacles d'été à Clairefontaine avec les autres enfants, notre créativité débridée, notre audace encouragée par la bienveillance acquise de notre public composé de parents.

À nouveau, je suis un môme qu'on ne grondera pas, un délinquant qu'on ne peut pas condamner, un criminel sans crime, un meurtrier aux mains propres, un enfant prodigue. Godard est en train de m'accorder une formidable impunité à être moi-même. Je détiens les pleins pouvoirs sur mon être, l'authentique, celui qu'une caméra peut saisir sans emprisonner. Je suis dédouané du réel ; je peux pisser dans un lavabo, fumer torse nu au lit pendant un quart d'heure, faire l'amour sous les draps et injurier les spectateurs : « Si vous n'aimez pas la mer, si vous n'aimez pas la montagne, si vous n'aimez pas la ville, allez vous faire foutre ! »

Ce premier jour ressemble à des vacances. Plusieurs heures avant la fin présumée du tournage, le réalisateur décide à notre grande surprise que l'on arrête. Il nous refera le coup plusieurs fois au cours du tournage sans que cela nous choque ni nous embête, au contraire.

Le seul qui prendra mal cette réduction du temps de travail sera le producteur.

Jean Seberg et moi nous entendons assez bien pour nous amuser comme des gamins. Je dois bien avouer aussi que nous sommes dubitatifs quant au destin de ce film cinglé. Nous avons conscience de toutes les transgressions cumulées par *À bout de souffle* et imaginons qu'il va se planter. Alors nous en ajoutons à la folie – nous n'avons plus rien à perdre.

L'équipe technique, réduite au minimum avec un cameraman, Raoul Coutard, armé d'une Caméflex, peut nous suivre en toute légèreté dans nos turpitudes.

Le résultat, dont nous doutons pourtant avec Jean, est à moitié donné lors de la projection presse du film. La

Le résultat, dont nous doutons pourtant avec Jean, est à moitié donné lors de la projection presse du film. La réaction des critiques présents – dont un rire quand, au début, je me mets au volant de la voiture que je viens de piquer en disant : « Et maintenant, tu fonces, Alphonse » – prouve que nous ne venons pas de participer à un navet.

Contrairement à ce que pense mon agent, très virulente, qui s'oppose à ce que le film sorte. Elle me menace, m'affirme qu'il signera ma fin précoce, qu'il est honteux et ruinera ma carrière en une fois.

Quand, le 16 mars 1960, *À bout de souffle* sort au cinéma, dans quatre salles à Paris, j'envoie Élodie observer et écouter les spectateurs qui sont, pour la plupart, des intellos snobinards dont je sais que l'avis déterminera l'accueil du grand public.

De mon côté, je me trouve sur les Champs-Élysées avec mon pote Charles Gérard de l'Avia Club.

En début d'après-midi, nous rôdons autour du cinéma Le Balzac, où le film va être projeté. Là, nous voyons une foule déjà agglutinée devant l'entrée. Je n'en reviens pas ; je serais presque tenté de compter les gens. Le patron de la salle – qui connaît Charles –, nous voyant traîner autour des gens, nous jette un : « P'tits cons, au lieu de payer des figurants pour faire la queue, vous auriez mieux fait de faire de la pub ! », qui nous interloque d'abord et nous flatte ensuite.

Quand ma femme revient avec un sourire ne passant plus par la porte, je sais que c'est gagné. Je la questionne :

« Alors, qu'ont-ils dit ? » Et elle : « Je ne me rappelle plus, ils parlaient tellement et tous en même temps ! »

Le lendemain, on me donne davantage de détails et l'on m'apprend notamment que, à l'une des projections, Jean Cocteau s'est exclamé devant son parterre d'admirateurs : « Il a réussi ce que tous les autres ont raté », évoquant Godard. À mon sujet, il aurait dit : « Et ce jeune homme, dont je ne veux même pas savoir le nom, il est au-dessus de tous les autres. »

Ce film était d'une nouvelle espèce et constituait une véritable explosion libératrice. Chacun s'indignait ou s'extasiait. Tous avaient un avis. Les règles, morales et cinématographiques, avaient été soigneusement dynamitées. Même ceux qui ne pouvaient que jalouser le génie de Godard, ses confrères réalisateurs, le portèrent au pinacle.

Cette fois, il y avait une matière qui dépassait le simple cadre d'un écran ; on assistait à un phénomène, à un film perfusé à la vie et qui y retournait en agissant sur elle. Rien ne serait plus jamais pareil après *À bout de souffle*, dont l'effet était, belle ironie, inversement proportionnel à son titre.

Dès le lendemain de la sortie, ma tête figure en première page de tous les journaux. Mais c'est l'article d'un journal crédible et sérieux, *L'Express*, qui me flatte le plus.

La journaliste Madeleine Chapsal ne se contente pas de célébrer la modernité du film ; elle s'attache à me décrire comme le chantre d'une génération, le héros d'un nouveau genre, fort et fragile à la fois. Et elle relate ce que j'ai répondu à la question, assez stupide il est vrai : « Que pensez-vous de votre physique ? » Depuis le Conservatoire, on me gratifie d'épithètes non homériques : « jeune premier laid », « débutant aux traits ingrats », « drôle de gueule ». Ces incessants commentaires ne me blessent pas, mais continuent de m'étonner. Les comparaisons – en ma défaveur – avec Alain Delon n'ont pas encore commencé ; je suis encore un laid non relatif. Édith Piaf n'a pas encore dit : « Je sors avec Delon, mais je rentre avec Belmondo. »

Mais le rôle fort romantique que j'occupe dans *À bout de souffle* vient de me placer dans la catégorie « séducteur avec physique grossier ». Ma laideur prend un nouveau crédit. Et moi, des rougeurs dues à la honte de ma réponse à la fameuse question : « Je crois que j'ai du charme. »

Du jour au lendemain de la projection d'*À bout de souffle*, tout change. Mon téléphone ne connaît plus la paix. À un point qui me convainc de changer de numéro. Les contrats affluent comme dans une pêche miraculeuse, et les cachets proposés me semblent faramineux. Après dix années à lutter pour tenter de décrocher un petit rôle par-ci, un petit rôle par-là, et à pâtir de ma façon trop naturelle de jouer, je suis enfin reconnu, aimé, recherché. Désormais, l'on viendra à moi. Et je ne m'épuiserai plus à dénicher les occasions de gagner ma vie en faisant mon métier. Le chef-d'œuvre de Godard est ma palme.

La gloire me porte, pour l'instant. Il faudra qu'elle dure un peu pour me rassurer complètement. J'ai assez d'années de galère derrière moi pour ne pas être confiant d'un coup et avoir intégré le sens des mots « provisoire », « éphémère ». Et, surtout, je voue une reconnaissance éternelle aux réalisateurs qui m'ont choisi alors que je mijotais encore dans l'ombre, qui ont eu le courage de me faire confiance avant *À bout de souffle*.

Claude Sautet est de ces types audacieux, capables d'affronter ses producteurs pour imposer ses acteurs. Il me veut pour donner la réplique à Lino Ventura dans une adaptation, qu'il a travaillée avec l'auteur, d'un roman de José Giovanni narrant une amitié entre un vieux gangster abandonné et un jeune truand généreux, *Classe tous risques*.

Mais les producteurs mettent un veto sur mon nom qui, ne valant rien, ne rapportera rien. Ils veulent Gérard Blain, ou Laurent Terzieff, ou Dario Moreno, et restent sourds aux souhaits de Sautet. Lequel n'en démord pas, soutenu par Ventura, dont l'agent dit qu'elle me tiendra pour responsable de l'échec du film, et Giovanni. Durant des semaines, mon nom envenime la plupart des conversations avec les financeurs. Mais Claude tient sa ligne, fermement. Et c'est lui qui gagne, parce qu'il se sent libre de ne pas faire son film s'ils lui refusent ma pomme. Avec moi, ou sans film.

Évidemment, je suis flatté et heureux d'être autant désiré pour ce film qui, de surcroît, me plaît beaucoup. Ce personnage de voyou qui se révèle être plus moral que prévu, et ces rapports d'affection virile silencieuse avec son aîné, m'émeuvent assez pour que je m'y engage avec énergie et enthousiasme.

Mon partenaire de jeu, Lino Ventura, dont le cinéaste a essayé d'adoucir le côté « brute épaisse », est aussi aimable qu'il n'en a pas l'air, gentil et déconneur comme j'aime. En plus, il acceptera noblement de partager le haut de l'affiche à égalité avec moi quand *Classe tous risques* sortira, en même temps qu'*À bout de souffle*, remportant un succès équivalent en nombre d'entrées : deux millions.

L'année 1959 fut donc mon année érotique à moi, celle qui me comble et me donne l'impression d'être aussi riche qu'un maharadja et aussi désirable que Brigitte Bardot dans *Et Dieu créa la femme*.

De quoi nourrir ma fureur de vivre en achetant ma première AC Bristol, de couleur grise, splendide voiture dans laquelle je vais flirter avec le danger, à 200 kilomètres à l'heure.

11

Trop et tout

Une pluie fine a commencé de tomber sur le bitume gras qui ne l'absorbe pas encore. Ma Dauphine Gordini orange est un petit bijou de précision que je conduis comme elle le mérite, vite et bien, en tenant la route.

Le paysage charentais, avec ses nombreuses courbes, se prête parfaitement à cette virée automobile. Je profite de l'après-midi de repos accordé par la production pour emmener en balade à la mer Jérôme, dix ans, le fils de Jeanne Moreau, qui est venu avec elle sur le tournage dirigé par Peter Brook de *Moderato cantabile*, une adaptation du livre de Marguerite Duras, alors au sommet de sa renommée après *Hiroshima mon amour*, avec Alain Resnais.

Agacée de n'avoir pas été associée aux recettes conséquentes du film de Louis Malle, *Les Amants*, dont elle était l'héroïne, l'actrice avait décidé de coproduire avec Raoul Lévy *Moderato cantabile* et avait glissé mon nom

169

à l'auteure et au réalisateur pour interpréter le personnage principal. Ils avaient souhaité me rencontrer pour se faire une idée, ce qui m'a valu de passer une soirée fort désagréable.

Je les avais rejoints à la table d'un restaurant, où je supposais qu'ils chercheraient à me découvrir en me questionnant. Mais ils n'ont rien demandé du repas, sauf au serveur. J'ai donc partagé un dîner avec une galerie de stalactites qui, pour arranger l'ambiance, me fixait continûment.

Au bout d'une heure et demie de cette excessive convivialité, Marguerite Duras s'est levée de sa chaise et, s'adressant à moi, s'est exclamée d'un ton martial : « Tu n'es pas du tout le personnage ! » Peter Brook, sans bouger, a répété après elle : « Pas du tout. »

Je me suis levé et les ai quittés sans un mot, ni regret. Jeanne Moreau m'a rattrapé : « Ne t'inquiète pas ; moi, je pense que tu es le personnage. »

Elle est assez têtue, elle aussi. Elle a réussi à les convaincre tous les deux de l'intérêt de prendre l'acteur « fabuleux » d'*À bout de souffle*. Je rêvais de jouer avec elle, alors j'ai signé mon contrat avec bonheur et même laissé tomber pour elle les répétitions d'une pièce de Françoise Sagan, *Un château en Suède*.

Ma joie, hélas, a viré à l'ennui et à la crispation. Je n'avais avec Peter Brook aucune espèce d'affinité, et entre nous régnait une forme très avancée d'incommunicabilité. Sa première assistante, Françoise Malraux, était plus aimable que lui.

Par ailleurs, l'absence cruelle d'action dramatique, l'insoutenable gravité de personnages dont l'introspection était assez peu cinématographique, l'histoire d'amour plate pour n'être pas platonique, l'hermétisme total et magnifique d'un texte qui, pour être si obscur et assommant, devait être très intelligent, ont sapé mon enthousiasme initial. Jamais tournage ne m'a autant accablé.

Moderato cantabile me semblait encore plus chiant que l'ensemble du corps professoral français qui avait essayé de gâcher mon enfance. La sévérité de Peter Brook me convenait mal et les complexités de Marguerite Duras m'exténuaient.

Le plateau était engoncé dans un intellectualisme ridicule. Et le français approximatif du réalisateur ne favorisait pas nos échanges. Il lui arrivait de me demander si je comprenais mes répliques, comme s'il m'avait demandé de les lui traduire en anglais parce qu'elles lui échappaient à lui. Il avançait à tâtons en simulant la maîtrise, ce qui me dérangeait, compte tenu de mon goût limité pour les hypocrites et les prétentieux. En raison de ses hésitations, il ne craignait pas de nous persécuter en multipliant les prises jusqu'à épuisement.

Une nuit où nous sommes encore en train d'errer dans le sens, je craque. Comme je ne perçois aucunement l'intention de Peter Brook, ni lui d'ailleurs, et nous vois veiller

171

jusqu'au petit déjeuner, j'annonce que je vais me coucher. D'un ton pincé, il me lance : « Comment ça, vous allez vous coucher ? Vous qui êtes boxeur ? » Ce à quoi je réponds avec un calme qui ressemble à de la somnolence : « Oui, quand les combats étaient trop durs, j'abandonnais. »

Avec cette association de neurasthéniques, je déprime et en viens presque à regretter la gaieté du cinéma italien, que j'ai pourtant quittée de bon cœur, tenaillé par un genre de mal du pays. Le succès d'*À bout de souffle* avait traversé les frontières et atteint Rome, d'où l'on avait commencé à me réclamer. Par fidélité à mes aspirations de jeune homme et nostalgie de notre voyage en Frégate avec Marielle, j'ai fini par enchaîner les tournages avec des réalisateurs italiens. La presse de la Botte m'avait surnommé « il Bruto », ce que j'ai spontanément mal traduit en « la Brute », appellation qui me semblait inadéquate, mais drôle. Quand j'ai su qu'il fallait comprendre « le Laid », j'ai cessé de rire.

Les journalistes italiens se délectaient des couples que je formais, moi, le vilain, avec leurs plus grandes stars féminines, des beautés redoutables et pétillantes, tigresses indomptables telles que Gina Lollobrigida, Claudia Cardinale, Sophia Loren.

En comparaison avec l'Hexagone, le milieu du cinéma italien brille de mille feux et paillettes. Les actrices s'y comportent en divas, se promènent en Rolls, boivent du champagne comme s'il coulait au robinet, et mettent des capes rouges pour exciter la frénésie des paparazzis.

Au début, je ne suis pas très à l'aise dans cette ambiance clinquante. Mais je trouve à m'accorder avec mes partenaires féminines, en plaisantant avec elles. De Sophia Loren, qui bénéficie du pouvoir qu'a son époux, le producteur du film, Carlo Ponti, je me moque un peu avec des jeux de mots gentils tels que : « Vous n'aurez pas l'Alsace et la Lorraine. »

Le tournage de *La Ciociara* me permet de frayer avec le grand Vittorio De Sica. Et c'est l'aplomb du *commendatore* qui m'impressionne le plus. Polygame assumé qui nous présente sa famille officielle le premier week-end et l'officieuse le deuxième, il est aussi capable de s'endormir pendant les prises d'une scène cruciale de déclaration d'amour, de se réveiller au bout de trente minutes pendant lesquelles personne n'a osé bouger une oreille, et de dire : « Coupez ! *Perfetto !* »

Je m'amuse davantage en interprétant un jeune paysan aux côtés de Claudia Cardinale dans *La Viaccia*, dirigée par le charmant Mauro Bolognini. Il me plaît par son sens de l'esthétisme, de la poésie, et par la douceur qui émane de lui.

D'abord, je rechignais à accepter le rôle, car je voulais faire une pause, arrêter de travailler après avoir tourné quatre films dans l'année. Je m'étais marié sans avoir jamais eu le temps de partir en voyage de noces avec Élodie. C'était le moment.

En rentrant à Paris, je passe à la production pour régler des affaires et confirmer mon refus. Un type est assis sur une chaise, qui m'attend. Il essaie de me convaincre d'accepter *La Viaccia*. À chaque argument, je réponds fermement : « Non, je ne peux pas. » Mais, à un moment, mon interlocuteur, très sûr de lui, pose sur la table une mallette remplie de billets. Je regarde tout ce pognon, je réfléchis quelques secondes, je me dis que nos vacances peuvent être reportées et qu'elles n'en seraient que plus méritées et... confortables. J'accepte cette proposition sonnante et trébuchante.

Sur le tournage, avec Claudia Cardinale, dont le tempérament n'est pas si éloigné du mien, je suis comme un poisson dans l'eau. Elle gratifie mes blagues d'un beau rire grave, cassé et communicatif ; nous retombons en enfance avec un plaisir inégalable. Le film vient prendre une place particulière dans mon cœur. Finalement, j'ai regretté d'avoir failli le rater.

Alors qu'il aurait mieux valu que ma circonspection s'attache au long métrage de Renato Castellani, *La Mer à boire*, qui échoua à se trouver un public. Le tournage avec Gina Lollobrigida fut l'occasion de comprendre que les acteurs disaient souvent n'importe quoi sur le plateau, leurs voix n'étant pas enregistrées en son direct. Pendant les prises, je parlais français, Gina italien, et, peu à peu, nos répliques sont devenues absurdes. J'avais découvert un nouvel amusement. Et j'en abusais déjà.

Au bout d'un moment, j'ai quitté l'Italie afin de revenir là où j'avais aussi des projets qui m'attendaient : la France.

Avec Henri-Georges Clouzot, par exemple, qui préparait son film *La Vérité* avec la superstar de l'époque, Brigitte Bardot, dans le rôle principal. Elle espérait faire engager son petit ami, Jean-Louis Trintignant, pour s'assurer un certain confort dans des scènes d'amour assez « poussées ».

Mais le réalisateur, un brin manipulateur, savoure de faire durer le casting et d'imposer à B.B. une myriade d'essais avec tout ce que Paris pouvait compter de jeunes types acteurs. Dont moi.

Évidemment, pour emmerder Bardot, Clouzot a choisi de nous faire passer une scène torride. C'est en ne me forçant pas beaucoup que j'ai enlacé, caressé et embrassé cette femme magnifique. J'étais en train de faire mentir Pierre Dux, qui m'avait condamné à cause de mon physique. En Italie, j'avais tenu dans mes bras des beautés mondialement reconnues, et ça continuait chez nous. Brigitte Bardot.

Plus tard, j'ai pu me targuer d'avoir tourné avec toutes les plus belles actrices contemporaines. Comme Romy Schneider, avec laquelle j'ai joué dans *Mademoiselle Ange* juste après le *Charlotte et son jules* de Godard. Elle était splendide et jouait formidablement bien, mais se comportait alors un peu, sur le tournage à Monaco, comme une star, capricieuse et méprisante. Henri Vidal, l'autre vedette du film, se plaignait qu'elle le traitait « comme une femme de chambre ».

Clouzot, satisfait de mes essais avec Bardot, me prend à part pour me présenter le rôle. Celui d'un chef d'orchestre. Je ne m'en sens pas capable, vu mon ignorance crasse en matière de musique, que je n'ai aucunement l'intention de combler en étudiant. J'avoue au réalisateur que je ne suis pas très partant, mais que je vais réfléchir.

Ce jour-là, je suis pressé – il le sait –, car j'ai rendez-vous pour passer une autre audition dans la foulée pour le long métrage de Peter Brook, *Moderato cantabile*. Mais Clouzot a décidé que je ne partirais pas sans avoir accepté. Il me retient tant qu'il peut jusqu'à ce que je me lève et cherche à m'en aller quand même, puisqu'on m'attend ailleurs. J'essaie d'ouvrir la porte, sans succès : il nous a enfermés. L'irritation me gagne ; je le menace de casser la porte ou de sauter par la fenêtre.

Devant ma fureur, il finit par se résoudre à sortir la clé de sa poche. Il me laisse partir, sans se priver de m'insulter et de prédire la mort de ma carrière.

Je viens d'échapper à Clouzot, pour mieux tomber dans les griffes de Peter Brook. Qui n'est ni plus agréable ni moins caractériel.

Et, dès que j'en ai l'occasion, je saute dans ma bagnole pour échapper aux rigueurs du duo maléfique que forme le réalisateur avec l'auteur, Marguerite Duras.

J'ai proposé à Jérôme – qui s'emmerde presque autant que moi, reclus avec des dingues à la mine sombre et au sens de l'humour proche du néant – de l'emmener à la plage cet après-midi. Ma voiture a le mérite d'être ner-veuse ; alors, pour distraire le petit, je pousse le compte-tours. J'ai l'habitude : je m'entraîne à être pilote amateur de F1 depuis mon premier bolide.

J'ai la vitesse dans le sang ; or l'adrénaline me manque cruellement sur le tournage du film. Jusque-là, j'ai assuré les tournants sans déraper. Mais, à la sortie de Lorignac, je me laisse surprendre par un virage plus court que prévu, que j'attrape trop rapidement, à 90 kilomètres à l'heure ; je glisse et braque d'un coup pour éviter le fossé. Là, mon engin s'emballe, échappe à mon contrôle, fait plusieurs tonneaux avant d'atterrir au milieu d'un champ au nom prémonitoire : « L'Homme-Chute ».

Je me réveille à l'hôpital de Saintes et en panique. « Et l'enfant ? », je crie, à peine les yeux ouverts. Les nouvelles ne sont pas bonnes : on l'a retrouvé inanimé, la tête en sang, allongé à quelques mètres de ma voiture. Il est dans le coma en service de radiologie. Les médecins redoutent un grave traumatisme crânien. Je ne me suis jamais senti aussi mal de toute mon existence. La douleur de mon poignet cassé est masquée par l'autre, bien plus aiguë et intenable : culpabilité, inquiétude et tristesse. Je ne cesse de revoir l'accident et de me refaire le film pour en modifier l'issue.

Pourtant, je n'allais pas très vite. La voiture n'aurait pas dû quitter la route comme cela. Ça n'aurait pas dû arriver. Pour une fois que je respectais un minimum de prudence, responsable gamin.

Mon empathie pour Jeanne Moreau n'était pas contrainte. J'étais père, moi aussi.

À cette époque, mes deux filles, Patricia et Florence, étaient nées. J'étaient un papa heureux, attendri, souvent laxiste, et aimant. J'avais grandi d'un coup, j'étais devenu un adulte qui a des devoirs. En me mariant, déjà, je m'étais un peu calmé sur les bêtises, les sorties, le whisky. Être père, en revanche, m'incitait plutôt à faire le zouave pour égayer les mouflets.

Là, je n'ai plus du tout envie de rire. Je pense à mes filles, à Jérôme, à Jeanne, et l'angoisse m'envahit.

Les médecins adoucissent les affres dans lesquelles je me noie en m'injectant des barbituriques. Mais le calvaire dure une semaine pendant laquelle je serais prêt à mourir pour sauver le petit. Il est dans le coma et personne ne peut garantir qu'il va s'en sortir. Je n'ose plus regarder ses parents dans les yeux, je me morfonds, je suis bouffé de l'intérieur.

Jeanne, livide et agitée, demeure au chevet de son enfant jour et nuit sans jamais me faire un seul reproche, ou mentionner mon imprudence.

Heureusement, la vie de l'enfant et la mienne ne se sont pas brisées là. Grâce à Jérôme, qui s'en est sorti, et au témoignage du conducteur de la 2CV qui me suivait au moment de l'accident, confirmant que je ne roulais pas vite. Je serai juste convoqué au tribunal de Saintes pour répondre à l'accusation d'homicide involontaire.

L'affaire se solde gentiment pour moi. Jeanne Moreau n'avait pas porté plainte et Jérôme retourne à l'école après trois mois de convalescence à mon plus grand bonheur. Je n'ai jamais été aussi heureux de voir un enfant retourner à l'école.

Le tournage a été écourté par le drame sans compromettre le film, que Peter Brook a emmené au Festival de Cannes. *Moderato cantabile* y a reçu des sifflets, des lazzis, mais mon amie Jeanne Moreau en est repartie avec le prix d'interprétation féminine.

D'aucuns se désolaient que Brook ait été invité à monter les marches alors que Godard le méritait avec *À bout de souffle*. Mais, comme l'avait déclaré Jean Cocteau à la projection : « C'est exactement comme si vous faisiez baptiser votre enfant par les cannibales. À la fin de la cérémonie, vous ne le retrouverez plus. » Le chef-d'œuvre de Jean-Luc échappe aux dents du jury et l'aidera, de fait, à se projeter dans son deuxième long métrage, une comédie, pour lequel il me veut encore.

Cette fois, pour interpréter le rôle féminin de son *Une femme est une femme*, il a déniché un ancien mannequin de chez Cardin, Anna Karina, dont il est, comme à son habitude, passionnément amoureux. Et j'ai, en plus de cette ravissante et talentueuse actrice, un partenaire de jeu masculin en la personne de Jean-Claude Brialy, vieux copain avec lequel je suis certain de m'amuser.

Godard, lui, n'a pas changé : il est toujours ce grand échalas bizarre, mutique et féru d'actualité sportive, en particulier le tennis et la boxe. Sur le plateau, il lâche toujours autant la bride au hasard. En revanche, je ne m'habitue pas à son culte du silence, qui me paraît parfois confiner au mépris.

Un jour où, à Brialy et à moi, il n'accorde pas la moindre attention, je lui signale que nous ne sommes pas des meubles, que nous ne faisons pas partie du décor, et que nous sommes dignes d'être des interlocuteurs.

Dans le sillage d'*À bout de souffle*, il a concocté une œuvre détonante, subversive, choquante, révolutionnaire. Mais, cette fois, il est allé trop loin dans les concepts, dans les innovations post-modernes ; et ses apartés, ses références dans le film à la vraie vie, aux acteurs derrière les personnages, n'ont pas convaincu les spectateurs habitués à une folie plus directe, moins pensée.

Avec ce deuxième film, il s'est coupé du grand public. Au contraire des critiques qui, eux, jouissaient pleinement de la multitude d'observations et de raisonnements auxquels *Une femme est une femme* se prêtait.

Et un prix lui a été décerné à Berlin pour des motifs qui ne pouvaient que satisfaire Godard : « L'originalité, la jeunesse, l'audace et l'impertinence du film, qui secoue les normes de la classique comédie filmée. »

12

Un curé, d'accord, mais sans église

Finalement, l'habit n'est pas désagréable à porter. Dessous, on peut dissimuler beaucoup de choses, dont sa nudité qui ne risque plus le frottement d'une toile rêche de pantalon.

La soutane me va si bien qu'il n'est plus question de la quitter. Pour ainsi dire, je vis avec. À peine éveillé, je saute dedans avec le plaisir du gamin dans son déguisement de super-héros. Et si je dors sans, ce n'est que pour éviter de trop la froisser.

Après un petit déjeuner copieux, je grimpe dans mon AC Bristol grise décapotable, le sourire aux lèvres, le col soigneusement boutonné sur la pomme d'Adam, et je prends le chemin des studios. L'occasion de me pavaner de longues minutes dans ma robe noire autour de la place d'Italie et de m'arrêter aux feux rouges, afin de profiter de la sidération des passants. Avec un plaisir inouï, je les vois cligner des yeux comme pour chasser une hallucination, mais ces pauvres pécheurs retombent sans cesse sur l'étrange image d'un curé au volant d'une voiture sportive décapotée. Surtout que je ne me contente pas de conduire en soutane : je la garde aussi pour le sport. À mon cheptel d'âmes à garder, j'ajoute une cage de foot. Grâce à l'ampleur de mon vêtement d'église, je pare mieux le ballon de l'ennemi, que je déconcentre par la même occasion. Mes plaquages gagnent en spectaculaire.

Je n'aurais pu imaginer qu'une tenue de curé deviendrait ainsi une seconde peau. Jean-Pierre Melville m'a littéralement harcelé pour que j'interprète son personnage de prêtre-bourreau des cœurs, Léon Morin, face à Emmanuele Riva, qu'il a repérée dans le *Hiroshima mon amour* de Resnais. J'avais refusé sa proposition à Paris et je croyais l'affaire réglée. Mais, sur le tournage de *La Ciociara*, je tombe dans un traquenard monté par Carlo Ponti, qui prévoit de produire le film de Melville.

Il est en face de moi, écrasé par les chaleurs italiennes, suant sang et eau sous son Stetson. À l'instar de Godard, ou l'inverse, il se passionne pour les lunettes ; il porte éternellement des Ray-Ban, le modèle de l'US Air Force.

Avec une multitude d'arguments intelligents, il essaie de me persuader. En fait, il regrette que je m'abîme dans des rôles qu'il estime trop légers et rêve de me voir dans son personnage complexe de curé charismatique et brillamment pervers. Manifestement, il a la foi : il est sûr de son fait. Pas moi : je suis toujours athée, sacrilège et impie. Je n'ai rien contre Dieu, ni contre ses serviteurs, mais ils me paraissent aussi loin que la lune avant qu'on lui ait marché dessus.

À l'idée de camper un curé, d'enfiler une robe en laine alors qu'à Naples, où nous nous trouvons, il fait 40 degrés, je transpire à grosses gouttes. Impossible. Je suis désolé, mais il a fait le voyage en Italie pour rien. Il repart ; et moi, j'oublie.

Rentré en France, je tourne à nouveau avec Godard dans *Une femme est une femme*. Les jeunes types de la Nouvelle Vague respectent Melville, qu'ils considèrent comme un genre de précurseur avec son *Silence de la mer* sorti en 1947. Ils n'en disent que du bien et regrettent que leur maître reste un incompris, dont les deux derniers films, *Bob le Flambeur* et *Deux hommes à Manhattan*, n'ont pas marché.

Les producteurs lui reprochent de n'être pas assez commercial, de fabriquer du foie gras quand il faudrait que ce soit des rillettes. Outre son génie trop confidentiel, l'on peut mettre à son actif l'opiniâtreté.

Finalement, c'est Melville qui se pointe sur le plateau du film de Godard. Avec un demi-sourire et une soutane dans un sac. Je dois avouer que sa façon de faire me plaît ; sa conviction me touche. Toute l'équipe d'*Une femme est une femme* assiste, amusée, au manège de Melville avec le costume qu'il a apporté. C'est son va-tout, sa dernière carte. Il me demande de l'enfiler, d'essayer : je verrai bien comment je me sens dedans. Ça ressemble à un défi. Je suis joueur, alors je revêts son habit de corbeau, trop content de sauter sur une occasion de faire marrer la galerie. Mais, une fois dedans, je change d'avis. D'abord, parce que toutes les femmes qui sont présentes me complimentent, me trouvant magnifique dans ce vêtement. Ensuite, parce que, comme par miracle, la solennité me saisit, et je me mets presque à parler couramment en latin avec une mine austère. En une minute, je suis devenu curé.

J'accepte l'appel de Melville pour jouer dans son *Léon Morin, prêtre*, une adaptation sophistiquée du Goncourt de 1952, écrit par Béatrix Beck.

En lisant le scénario, mon admiration pour le réalisateur s'est accrue. Ce garçon n'a peur de rien, ni des longs dialogues philosophiques et fastidieux sur l'existence de Dieu, ni des conversations innombrables sur le péché et les vertus, ni des mystères de la psychologie de ses personnages, ni de la frustration volontaire créée par une histoire d'amour condamnée à demeurer platonique, ni des zones sombres de la période de l'Occupation. Sa témérité mérite le respect ; il cherche la difficulté, et j'aime ça.

Melville se doute que je ne pourrai rester dans une ferveur absolue pendant le tournage. Il n'a embauché ni un bonnet de nuit, ni une grenouille de bénitier. Soutane ou pas, je ne peux m'empêcher de faire l'idiot. De continuer à me croire à l'école avec des profs à braver et des copains à distraire.

Dans la leçon que j'ai à retenir, mon texte, il y a un fort long passage en latin adressé d'une voix sage à l'âme vulnérable de Barny, la jeune fille qui s'éprend de moi dans le film. La langue morte a tendance à assoupir ma mémoire, qui n'en veut pas. Mais il faut bien tourner cette scène et réciter mon monologue.

Je décide d'user d'un vieux stratagème de potache : l'antisèche. J'en colle partout dans la partie basse du confessionnal d'où je donne l'absolution à Emmanuele Riva. Hélas, je me fais choper par papa Melville, qui me tance vertement.

Il réclame un peu de sérieux, nous ne sommes quand même pas au cirque, et je suis prié de me calmer, de me concentrer un minimum. Invariablement, il me dit : « Concentre-toi. » Invariablement, je réponds : « Si je me concentre, je m'endors. »

Il croit que je me fous de sa gueule, et il n'a pas complètement tort. Et quand vient le moment d'enregistrer la scène de déclaration d'amour de Barny à Léon, Melville se ronge les sangs. Il me trouve agité, il me veut serein. Alors, il ne trouve rien de mieux que de m'envoyer au coin, dans le camping-car qui sert de loge, pour me concentrer. Son injonction me semble parfaitement ridicule et infantilisante, mais j'obéis sans broncher et vais au coin.

Sauf que, à l'heure où je dois me rendre sur le plateau, je ne bouge pas. J'attends patiemment que des assistants viennent me chercher, me trouvent endormi et ronflant, et le rapportent à Melville.

Pour me mettre dans la peau de Léon Morin, en réalité, je n'ai pas vraiment besoin de me concentrer. Au début du tournage, pour m'aider à travailler ma crédibilité de curé, j'ai reçu l'aide d'un professionnel, l'abbé Lepoutre. Je lui ai montré comment j'imaginais marcher avec ma soutane. Il a haussé les épaules avant de déclarer : « Je n'ai rien à vous apprendre. Chaque prêtre marche comme il a envie de marcher. Il n'y a pas un prêtre qui agisse comme un autre prêtre ! » Il reconnaissait son inutilité – et encore, il ne pouvait pas savoir que j'avais déjà un modèle en tête, qui inspirait ma manière d'être profondément Léon Morin : l'abbé Graziani. Robuste, franc et humain, il avait marqué mon enfance. Je l'avais assez côtoyé, en l'aidant à enterrer les soldats américains, pour être capable de lui emprunter des traits de caractère, des attitudes, une aura. Il me suffisait de me souvenir de lui.

Je l'ai d'ailleurs remercié en silence quand, le film sorti sur les écrans, personne n'a eu à redire à ma prestation de curé. Les critiques y avaient cru ; je n'étais pas ridicule dans un rôle subtil et grave. Et, aujourd'hui encore, je suppose que Léon est l'une de mes meilleures performances de jeune acteur.

Melville a fini par s'adapter à ce que j'étais, et réciproquement. Nous avons trouvé un terrain, d'estime mutuelle, où travailler efficacement ensemble en dépit de nos différences et de nos forts caractères. Au point de vouloir réitérer l'expérience rapidement, un an plus tard, en 1962.

Nous tournons *Le Doulos*, film bien noir tiré d'un bouquin de Pierre Lesou, dans lequel j'occupe apparemment le mauvais rôle, celui de balance, face à Serge Reggiani. En réalité, au fur et à mesure de l'histoire, on comprend que je suis droit, que je ne suis pas ce *doulos* qui, en argot, veut dire « chapeau », mais aussi « donneur ». L'ambiguïté du personnage est intéressante à jouer. Mais, sur le plateau, des tensions avec Melville apparaissent.

Il se montre moins indulgent, moins patient, que pendant *Léon Morin, prêtre*. Comme s'il cessait de s'acclimater à mon style, décontracté et rigolard, et s'il avait décidé de me faire rentrer un peu dans le moule. Je fais, par générosité, quelques concessions à son autorité et à sa mauvaise humeur, mais cela n'empêche pas la naissance d'un agacement qui ne fera que s'amplifier par la suite, jusqu'à la rupture consommée.

Plus tard, je suggérerai néanmoins son nom pour réaliser une adaptation d'un roman de Georges Simenon. J'avais hérité, grâce à Delon – qui l'avait lâché pour *L'Éclipse* d'Antonioni, que j'ai refusée ! –, d'un rôle très attrayant dans *L'Aîné des Ferchaux*. Je devais jouer un ancien boxeur, devenu secrétaire d'un vieux banquier forcé de fuir aux États-Unis, et qui se lie d'amitié avec lui au fil de leurs pérégrinations. J'ai alors pensé que Jean-Pierre serait le cinéaste idéal pour un tel projet qui exigeait de la finesse et du talent, et je l'ai imposé. Pour interpréter le banquier dans l'embarras, il fallait un bon, assez âgé, célèbre et disponible. C'est finalement Charles Vanel qui a été engagé.

Melville s'est lancé dans un gros boulot d'adaptation, assez libre mais consentie par Simenon, qui n'avait pas l'habitude de s'accrocher à ses œuvres et d'en gêner les avatars. Le tournage pouvait démarrer et j'attendais impatiemment la première scène du film, un combat de boxe avec mon ami de l'Avia Club, Maurice Auzel.

Dès notre premier contact, Charles Vanel et moi avons été copains. Avec le cinéaste, ce fut le contraire : l'antipathie spontanée et rédhibitoire. L'ancien, protégé par un bon avocat, avait fait signer à Melville un contrat truffé de clauses qui le mettaient hors de lui, dont l'une stipulant que le pouvoir de décision revenait à Vanel. Ensuite, le désaccord s'est cristallisé sur le voyage prévu outre-Atlantique pour enregistrer les scènes américaines. Charles n'aimait pas l'avion ; Melville trouva un bateau, puis renonça à l'emmener.

Entre-temps, par crainte du dépaysement et de la mélancolie, l'acteur avait demandé à être accompagné de sa femme, ce qui acheva d'horripiler Melville, lequel eut la maladresse de déclarer : « Toutes les femmes de comédien sont des emmerdeuses ! » S'ensuivit un échange de politesses aigres.

À cause de ces rapports discourtois, voire belliqueux, entre le réalisateur et l'acteur, l'ambiance sur le plateau était on ne peut plus plombée et délétère. Si j'ai d'abord veillé à ne pas sortir de ma neutralité, afin de maintenir une paix relative, j'ai ensuite clairement soutenu Vanel, que Melville prenait plaisir à persécuter. Non seulement il lui manquait de respect lorsqu'il s'adressait à lui, insistant sur son âge, affirmant qu'il ne valait plus rien, mais il l'obligeait à prendre la direction de jeu opposée à sa proposition. Par pur sadisme.

Comme je suis resté puéril, j'éprouve une sainte horreur de l'injustice. Que l'on soit puni pour ce que l'on a fait de mal, d'accord. Mais pour ce que l'on n'a pas fait, ou pour ce que l'on est, c'est inadmissible. Alors, si le hasard fait de moi le témoin d'une iniquité, je m'insurge, me mets en colère, arme mes poings, surtout le gauche, ou mes mains.

Presque chaque jour, Melville débusquait un motif pour emmerder Vanel, qui se laissait faire afin de ne pas envenimer une atmosphère pourtant déjà intégralement empoisonnée. En plus, le réalisateur avait l'arrogance de nous faire attendre, souvent en retard sur le plateau alors que Vanel et moi étions attentifs aux horaires. Nous n'ignorions pas ses problèmes d'insomnie, mais son attitude désagréable ne nous incitait pas à l'excuser. D'ailleurs, il ne le demandait pas. Dans les gorges du Verdon, où nous nous étions déplacés pour enregistrer certaines séquences, la corde a ainsi continué de se tendre jusqu'à rompre, un jour où Melville ne s'y attendait plus.

Le rendez-vous pour tourner est fixé le matin à huit heures. Je suis ponctuel, Charles aussi. Nous sommes prêts, l'équipe technique également. Ne manque que le boss, Melville. Comme nous sommes habitués à le voir arriver après nous, nous ne nous inquiétons pas. Mais, cette fois, il dépasse largement sa moyenne de retard.

Dix heures viennent de sonner, et toujours pas l'ombre d'un réalisateur en vue. La patience, je le confesse, ne fait pas partie de mes qualités ; alors je commence à trépigner. Parce que je n'apprécie pas non plus d'être obligé de me lever avec le coq, surtout pour ne pas chanter. Lorsque ma montre indique onze heures, je suis assez échauffé contre Melville qui, très ostensiblement, se fout de notre gueule. À onze heures et demie, je suis au bord d'exploser et mon pauvre Charles tente de me calmer. Trente minutes plus tard, nous en sommes au même point ; en plus, j'ai faim, ce qui n'arrange pas ma colère.

Pour éviter de mijoter dans la fureur, je propose à mon collègue d'en profiter pour aller déjeuner. Nous sommes en plein repas quand Yves Boisset, le premier assistant du cinéaste, vient nous chercher à la demande de Melville. Nous descendons et, là, je l'attaque. Ma tirade a été enregistrée, ce qui ne permet pas de douter aujourd'hui de l'extrême douceur de nos rapports à cette époque :

« On n'est pas des guignols. Moi aussi, j'en ai marre, monsieur Melville. Et jusque-là ! Je ne suis pas un guignol. Hier, j'ai déjà attendu de huit heures jusqu'à onze heures. J'attendais, et monsieur Melville cherchait ses boutons de manchette. C'est ta faute si on ne tourne pas.

— À quoi ça rime, ce que tu fais là ?

— À te dire que tu m'emmerdes. Je m'en vais.

– Alors ce film ne sera jamais terminé.

– J'en ai rien à foutre. »

Je me suis barré. Un moment seulement. Car, par professionnalisme et amitié pour l'ensemble de l'équipe, j'ai accepté de rester travailler sans finir mon déjeuner. Malgré tout, j'essayais de jouer correctement, mais je ne me sentais pas au sommet de mon art, démotivé par cette succession de heurts. J'espérais encore que ça allait s'arranger quand Melville, infernal, donna le coup de grâce.

Pour la énième fois, il s'attaque à mon camarade Vanel qui, lui aussi, fait du mieux qu'il peut. Ça me met dans une rage que je ne veux plus contrôler : « Fous-lui la paix. Je ne supporte plus la façon dont tu lui parles. Je t'avais prévenu, je me casse. » Mais, avant de m'exécuter, je règle mes comptes. Je me rapproche rapidement de Melville, lui arrache son Stetson et ses Ray-Ban, et le pousse violemment pour qu'il tombe. Une fois à terre, je l'achève d'une phrase : « Sans tes lunettes et ton sombrero, tu as l'air de quoi, maintenant ? D'un gros crapaud. » J'embarque Charles Vanel avec moi et nous sortons. Pour ne pas revenir.

Avec ce qu'il avait mis en boîte, le cinéaste s'est débrouillé pour terminer le montage de son film. Mais il avait besoin de ma présence pour la postsynchronisation. Or, je n'avais toujours pas été payé de mon boulot, comme si mon départ brutal du tournage l'avait annulé. J'étais fumasse, alors j'ai fait savoir à Melville que je ne viendrais pas tant que je ne serais pas réglé. Ça a duré six mois.

Finalement, ils se sont acquittés de leur dette et *L'Aîné des Ferchaux* est sorti. Mais, comme s'il était maudit, il n'a pas obtenu le succès escompté quand il s'agissait de Melville.

Et, dans les années qui ont suivi, je me suis entêté à lui faire la gueule. Dès qu'il en avait l'occasion, un projet de film, il cherchait à reprendre contact avec moi. En vain.

Je suis comme je suis, je suis fait comme ça, dirait Prévert, je n'y peux rien. Je finis par effacer celui qui m'a trop embêté ou blessé. Ça ne constitue pas une vengeance, vu que j'agis naturellement, sans mauvaises pensées. Sans pensées. L'autre n'existe plus pour moi. C'est simple et sans douleur. Généralement, j'ai souffert avant.

Je ne le reverrai qu'une seule fois, par hasard. Le 17 juin 1972, j'assiste à Colombes à un match de boxe important : Carlos Monzon contre Jean-Claude Bouttier. Alors que je suis installé près du ring, un homme avec un Stetson sur la tête s'assied à ma droite et me salue. C'est Melville.

Ce soir-là, j'oublie nos vieilles querelles dans la joie de le retrouver. Je l'aime bien et le respecte infiniment. D'ailleurs, mon avis sur son talent n'a jamais varié. Pour moi, c'est un grand, et ses films sont à sa taille. Réconciliés dans la chaleur d'une salle de boxe, nous nous promettons de retravailler ensemble. Nous rions. Tout est bien qui finit bien. Ou presque : un an plus tard, il nous quitte.

Dans les bras de Philippe Labro, son premier admirateur, son fils adoptif.

Après les psychodrames de *L'Aîné des Ferchaux*, je ne suis pas mécontent de prendre la route de la Camargue pour rejoindre les copains que j'ai proposés pour jouer avec moi sur un scénario de Claude Sautet et Marcel Ophuls, lequel réalise. Il s'agit d'une comédie, *Peau de banane*, qui raconte comment une femme fait appel à son ex-mari pour arnaquer des escrocs.

Une partie de la bande a répondu à l'appel : Henri Poirier, Jeanne Moreau, Claude Brasseur et mon complice inséparable, Jean-Pierre Marielle. Nous commençons par loger dans un hôtel de Martigues dont le directeur se prend rapidement à nous haïr. J'avoue que nous œuvrons ardemment à provoquer son ressentiment en créant un joyeux et permanent bordel dans ses murs. Comme il manque quelque peu d'humour, il finit par se fâcher très fort et monte sur le toit de sa bâtisse avec son fusil de chasse. N'étant pas sûrs de ses intentions, nous optons pour le repli. Derrière une cheminée !

Aux Saintes-Maries-de-la-Mer, le patron de l'hôtel Les Amphores accepte plus facilement notre allégresse excessive. Le soir, pour le récompenser de son indulgence, nous improvisons de petits spectacles de music-hall bouffon. J'imite avec plaisir Louis Armstrong tandis que Jeanne fait Ella Fitzgerald. Je m'amuse aussi à intervertir le mobilier de deux étages de l'hôtel de façon à en égarer les clients. Entre deux bêtises, nous achevons *Peau de banane*, et je prépare une fête pour l'anniversaire de mes trente ans, le 9 avril 1963.

C'est Maxim's que je choisis, puisque rien n'est sacré, pour rassembler les potes. J'ai compris, en outre, que les lieux les plus onéreux ne sont pas les moins tolérants. L'orchestre du célèbre restaurant a même consenti pour me satisfaire à jouer la partition élaborée de « Tiens, voilà du boudin ».

La soirée et l'ivresse courant à notre perte, Michel Beaune, Jean-Pierre Marielle et moi sortons de chez Maxim's. Je venais de leur vanter les qualités de mon nouveau bijou automobile, une magnifique Daimler garée devant, mais ils souhaitaient juger sur pièce. Je leur fais faire le tour du propriétaire en oubliant le coffre. Ils demandent à le découvrir, afin de soi-disant vérifier sa capacité d'accueil.

Au moment où, impérial, je l'ouvre en grand, ils en profitent pour m'attraper, me jeter dedans et le fermer, malgré mes cris affaiblis par mon rire. Je sais que les deux lascars ne vont pas s'arrêter là – je les connais. Et, en effet, ils démarrent tout en se moquant de moi. Je sens que nous tournons place de la Concorde et prenons sur notre droite l'avenue des Champs-Élysées. Que j'ai donc entièrement remontée, dans le coffre de ma Daimler, en chien de fusil, mais hilare.

En tout cas, au début. Ce qui a consommé beaucoup du peu d'oxygène disponible dans cette boîte hermétique.

Au bout de quelques minutes, je commence à étouffer. Aucun moyen d'en faire part aux rieurs.

Le tour a duré une dizaine de minutes ; davantage m'aurait tué. Quand ils ont ouvert le coffre, garé à nouveau devant chez Maxim's, j'étais agonisant. J'avais respiré tant de monoxyde de carbone que j'avais viré au vert et me trouvais proche d'un empoisonnement mortel. Les copains étaient quand même emmerdés d'avoir failli me tuer le jour de mon anniversaire.

Hélas, ce n'est pas cet épisode burlesque que les médias ont relayé dans leurs pages, mais un autre, aussi surprenant, quoique moins drôle, survenu une dizaine de jours après mon anniversaire.

Nous roulons tranquillement dans les rues de Boulogne-Billancourt, avec mes camarades Maurice Auzel et Dominique Zardi, quand nous apercevons à un croisement un type sur la chaussée, allongé, une moto couchée elle aussi, et une voiture garée n'importe comment à côté. Nous nous arrêtons pour porter secours à la victime. Qui n'est pas brillante – ni le chauffard, d'ailleurs : il pleure toutes les larmes de son corps, assis sur la chaussée.

Dans un bistrot voisin, je me presse d'appeler la police. Qui, elle, ne se dépêche pas. Quand la fourgonnette apparaît enfin, l'attroupement autour de la scène de l'accident a grossi et ses récriminations contre la lenteur et la paresse des flics, aussi. Alors qu'ils auraient pu se pointer en sauveurs, ils se présentent immédiatement en ennemis. L'un d'eux n'a pas encore mis le pied à terre qu'il me jette un expéditif : « Ta gueule ! » Je n'ai rien dit de spécial, je suis plus calme que la plupart des individus présents. Et mes mains dans les poches prouvent mes intentions pacifiques. Mais je ne suis pas non plus un saint, et j'ai l'habitude de répondre aux grossièretés, de ne pas me laisser insulter sans moufter. J'ai juste le temps d'émettre un passionnant : « La tienne ! Remonte dans ton fourgon ! », que je ressens une douleur fulgurante à l'arrière de la tête où l'on vient de m'assener un coup. Je tombe aussitôt KO, inconscient.

Je me suis à moitié réveillé dans la camionnette de police qui m'emmenait à l'hôpital. Mais, là, ils n'ont pas voulu me prendre en charge ; alors j'ai fini dans une cellule avec les bourrés du vendredi soir et mes copains qui jouaient pour de vrai, très inquiets pour moi, aux infirmières. Il faut dire que je me sentais proche de la mort, tant je souffrais.

J'ai finalement sombré dans le coma au son de la voix de mes acolytes qui suppliaient les gardiens de faire venir un médecin pour « Jean-Paul Belmondo, la vedette du cinéma ». Et eux de répondre : « C'est ça ! Et moi, je suis le shah d'Iran ! »

Le lendemain soir, mon avocat a réussi à nous faire sortir et, dès que j'ai été remis, j'ai accepté de répondre aux questions des journalistes sur mes mésaventures.

Le procès, lui, nous a déclarés *ex aequo*, match nul. Nous avons eu la même amende à payer. Entre-temps, j'ai offert quelques saynètes au tribunal :

« C'est parce que vous jouez les gangsters que vous vous autorisez de tels comportements ?

– Écoutez, madame, j'ai joué *Léon Morin, prêtre*, et je n'ai plus envie de donner l'extrême-onction à qui que ce soit ! »

La brutalité des poulets m'avait mis hors de moi, parce qu'elle me rappelait celle de l'adjudant casseur de nez et qu'elle était déloyale. Mes poings dans les poches, je n'étais pas prêt à me défendre contre un lâche qui attaque par-derrière.

J'étais soulagé de n'avoir pas de séquelles cette fois et, trois jours après les événements, je n'y pensais plus, inondé par la joie de la naissance de mon fils Paul, le 23 avril 1963.

13

Complices

Je n'ai pas peur. J'ai confiance. Mon pote, mon maître ès cascades, Gil Delamare, est là, de l'autre côté. Il a vu que j'étais coincé. Il ne me laissera pas mourir. J'en suis sûr. Je n'ai pas peur, mais j'ai mal. Et puis, je préférerais quand même ne pas rester trop longtemps comme ça, en l'air. Je n'ai pas le cœur à profiter de la vue incroyable que m'offre l'altitude sur cette ville qui sort de terre, Brasilia.

Il y a quand même un vide de quarante étages sous moi. Ce matin, ce foutu câble a pourtant été vérifié avec mon poids en sacs de sable. Gil est un très bon professionnel : il calcule et s'assure plusieurs fois de la sécurité de l'acrobatie à réaliser.

Malgré tout, le câble s'est cabré quelques minutes plus tôt, alors que je progressais, une main après l'autre, du toit d'un immeuble à celui d'en face.

Et, maintenant, je suis bloqué au milieu. J'ai beau être entraîné, sportif et musclé, mes bras fatiguent. Le droit est en train de virer au blanc. L'engourdissement, ou le début de la fin. Il faut agir avant qu'il ne gagne aussi le gauche. Gil me hurle d'attraper le câble avec les jambes pour soulager le reste. Ce que j'arrive à faire, moyennant un effort accentué des muscles abdominaux. Dès que mes chevilles sont enroulées, je relâche le bras droit. Pas trop longtemps. Ne pas s'éterniser.

En me tirant avec les jambes, j'avance lentement sur le filin. Je m'encourage en jaugeant le peu de distance qu'il me reste à effectuer. Un mètre, puis l'autre. Et hop, je parviens à la corniche, où l'on me réceptionne avec bonheur : ils avaient tous arrêté de respirer.

Quel soulagement ! Gil, qui devait initialement réaliser les cascades, et Philippe se seraient bêtement sentis coupables de ma chute. Alors que c'est moi qui ai choisi de prendre des risques. En réalité, c'est Broca qui y a pensé tandis que je lui racontais comment, enfant, j'étais un acrobate patenté qui se pendait à la balustrade du cinquième étage, et Gil qui me l'a suggéré d'un : « Pourquoi tu ne le ferais pas toi-même ? »

Quand Alexandre Mnouchkine, le producteur, a su que je voulais être la doublure de Gil Delamare, il m'a engueulé. Mais j'ai réussi à le persuader de me laisser essayer. Et, devant un essai réussi en passant d'une fenêtre à une autre, sur la cime d'un immeuble, il a permis que je fasse toutes les cascades moi-même. Même les plus désagréables, telle la suspension dans un parachute au-dessus d'une rivière infestée de piranhas mobilisés pour me bouffer les orteils.

Ce genre d'épisodes dangereux nous donnait aussi des raisons de déconner. Parce que nous avions, Philippe de Broca et moi, la joie en bandoulière.

Pour des raisons communes, nous avions choisi de rester des enfants qui jouent, qui transgressent, qui se comportent de façon inconséquente.

Derrière nous, il y avait eu la guerre de 1939, et surtout l'Algérie. Lui, il était au service documentation de l'armée, qui lui commandait des films pédagogiques sur le chargement des armes. Dont il s'amusait à inverser les séquences de sorte que ça ne puisse pas fonctionner. Après avoir assisté à toutes les horreurs commises là-bas par des adultes, il n'a plus jamais voulu en être un.

Ce qui m'arrangeait considérablement. D'autant que le bonhomme qui produisait ses films avait, lui aussi, un formidable sens de la rigolade et une grande mansuétude à l'égard des idiots que nous étions, Philippe et moi. Alexandre Mnouchkine n'a cessé d'être le meilleur des alliés, le plus compréhensif de tous les producteurs que j'aie pu côtoyer.

En arrivant au Brésil, à Rio, en équipe réduite – compte tenu des coûts importants d'un tel déplacement – et chanceuse, treize, il nous a prévenus que les fonds destinés à régler l'hôtel n'avaient encore pas été transférés depuis la France.

Aussi nous a-t-il vivement recommandé d'être raisonnables, de ne rien abîmer, de rester sages et polis dans notre lieu d'hébergement. Nous avons dit d'accord ; personne n'y croyait, mais peu importait.

Au bout de deux jours de tournage, nos fausses bonnes résolutions s'étaient dissipées dans l'excitation de l'exotisme brésilien. Et dans notre nature profonde. Mnouchkine savait de quoi nous étions capables. Il connaissait notre passion des jeux stupides qui finissent mal, c'est-à-dire en dehors des convenances. À part le cinéma, nous ne respections rien.

L'un de mes préférés, auquel j'étais sérieusement entraîné, était le déménagement aérien. Le principe en était basique et facile ; les effets, jubilatoires. Celui des deux qui gagnait était celui qui balançait le plus vite tous les meubles de la chambre de l'autre par la fenêtre. Hormis les meubles trop lourds, tout finissait par sortir de manière expéditive, en volant. Le temps que le personnel de l'hôtel réagisse, les chambres avaient été vidées.

L'énervement dans lequel notre amusement a plongé le directeur de l'établissement carioca nous faisait poiler, jusqu'à ce que nous entendions le bruit des voitures de police. Là, nous avons aperçu une équipe de moustachus virils et armés qui ne comptaient pas s'être dérangés pour rien. Je suis retourné très vite dans ma chambre et me suis caché sous le lit que Broca n'avait pu déplacer. Les policiers se sont lassés de me chercher, largement apaisés par les sourires de ma femme qui se tenait fixement devant le lit et dont je voyais les petits pieds bouger devant les bottes, et ils sont partis.

Heureusement, nous avons fini par quitter Rio, ce qui nous a empêchés d'avoir de graves problèmes. Nous sommes allés déranger le nord du Brésil.

Je dois dire que, à Manaus, je me suis senti particulièrement inspiré. Nous avons réalisé avec Philippe l'une des blagues dont je suis le plus fier : fourrer de la farine dans les climatisations des chambres de l'hôtel, de sorte qu'il suffisait que les clients les mettent en route – la première chose qu'ils faisaient en entrant, vu les chaleurs excessives de ce genre de pays – pour qu'ils se retrouvent entièrement blanchis.

Mais ça ne me suffisait jamais, une dinguerie en entraînant une autre. En arpentant le marché amazonien de la ville, je me suis pris d'affection pour de ravissants petits crocodiles dont je redoutais qu'ils ne terminent aux pieds ou à la taille de quelque vilain capitaliste à cigare. J'ai décidé de dévier la destinée de l'un d'eux. Je lui ai choisi un nid parfait, au frais, un petit bassin cosy où s'ébrouer : la baignoire de la chambre de Simone Renant, compagne de Mnouchkine le producteur. Quand la dame a découvert le crocodile gentiment installé dans ses appartements, elle a poussé un cri à réveiller les morts. Après coup, elle en a ri, mais, à la vue de l'animal à grande bouche, elle a frôlé la syncope.

Notre séjour en Amérique du Sud pour mettre en boîte *L'Homme de Rio*, qui a été consacré « film préféré de ma mère », m'a laissé des souvenirs formidables, solaires. Comme nous n'étions qu'une poignée, la vie était fluide.

Nous fonctionnions comme une petite communauté en colonie de vacances : chacun faisait de tout, il n'y avait pas de hiérarchie ni de larbins attitrés. Je portais les bagages, dont ceux de ma partenaire dans le film, la charmante Françoise Dorléac.

Nos moyens étant chiches, il nous fallait sans cesse improviser, se débrouiller avec peu ; tout le monde participait. Et puis, cette façon que Broca, fan de Tintin, avait de faire de la bande dessinée en faisant des films, avec une innocence et une allégresse réjouissantes, ajoutait aux plaisirs du tournage.

Pour les aventures d'Adrien Dufourquet, le cinéaste ne s'était fixé qu'une seule règle : lui faire emprunter tous les moyens de locomotion possibles. Et trouver le motif d'aller tourner dans un pays lointain et attrayant, ce qui à l'époque représentait une excentricité. Une folie qui nous avait traversé l'esprit tandis que nous assurions la promotion au Chili de notre premier film ensemble, *Cartouche*.

D'abord, il avait été question de mettre à l'écran *Les Trois Mousquetaires* ; mais, pour des histoires de droits, ça ne s'était pas fait. En remplacement, Philippe de Broca avait déniché un autre sujet pour un cape et d'épée : la légende d'un bandit noble, Cartouche. La distribution me convenait très bien puisque j'y retrouvais Claudia Cardinale, avec laquelle j'avais sympathisé au moment de ma campagne d'Italie, et j'avais réussi à placer mon ami Jean Rochefort en remplacement de Jean-Pierre Marielle, pris sur un autre film.

De prime abord, le visage anguleux de Jean et son expression grave, pince-sans rire, a inquiété le réalisateur, qui m'a susurré à l'oreille : « Dis, il n'a pas l'air marrant, ton copain ! » Évidemment, il a vite corrigé son impression et découvert que Jean était un être drôle et charmant, parfait pour interpréter la Taupe.

Le tournage se déroulait d'abord dans une ville chère à Molière, Pézenas, où il a fallu que j'apprenne en accéléré à monter à cheval. Huit jours ont suffi, car j'y ai tout de suite pris goût. Jean, en revanche, craignait les canassons et grimpait dessus avec une maladresse comique et une tête compassée. Comme mon personnage était un voleur habile et vigoureux qui sautait, courait, se battait, bondissait et croisait le fer, j'étais dans mon élément.

On m'avait confié à un maître d'armes, Claude Carliez, qui m'enseignait l'escrime une heure par jour et, me considérant comme un bon élève – un avis totalement inédit –, n'hésitait pas à me montrer des tactiques de plus en plus élaborées et à me pousser toujours plus loin. Grâce à lui, j'ai pu réaliser toutes les cascades de *Cartouche*.

Ce trop-plein d'énergie dont on m'avait toujours fait grief devenait enfin une qualité. Car il en fallait, de la vitalité, pour jouer *Cartouche*. En la matière, c'est vrai, j'étais généreux – et satisfait, en l'occurrence, qu'on ne me le reproche plus. Non seulement Philippe de Broca validait avec enthousiasme mon travail d'acteur, mais mes camarades sur le tournage encourageaient mes fantaisies que permettait le scénario du film.

Le plateau était une fête permanente ; le Paris du XVIIIe siècle reconstitué dans lequel se passait l'action, un terrain de jeu génial. Ma fiancée dans le film, Claudia, gaie comme un pinson, accompagne et renchérit sur mes bêtises. C'est à qui sera le plus couillon.

Hélas, à cause de moi, elle meurt à la fin, et la scène dans laquelle je dois exprimer ma tristesse n'est pas simple à enregistrer. Car je n'ai pas le cœur à pleurer. Je viens à peine de sortir une vanne et ma partenaire pouffe alors qu'elle doit rendre son dernier souffle. Pour m'aider à afficher un visage grave et malheureux, Broca me gratifie d'un étrange conseil : « Pense à un autobus. » Je crois que ça a marché, puisque l'on ne voit pas mon bonheur à l'image. Une fois *Cartouche* achevé, impossible de nous arrêter dans la voie du chahut. À la soirée de première, trop coincée et mondaine pour nous, nous cherchons un moyen de fuir l'ennui.

Qui se présente sous la forme d'immenses jarres remplies de semoule prévue pour le couscous. Je fais signe à Claudia, qui vient se planquer sous une table avec moi à proximité des réservoirs. Dans notre cachette, nous initions un petit atelier « boulettes ». Avec la semoule que nous prenons soin de bien tasser, nous confectionnons une grande quantité de balles tièdes. Une fois assez armés, nous passons à l'attaque. Très vite, une pluie de semoule s'abat sur la pièce, ne laissant personne indemne. Chaque invité reçoit sa part sur le visage, le veston, le pantalon, la moustache… La présentation de *Cartouche* est une réussite totale, un événement marquant dont tous les gens présents se souviennent.

Mais je ne me contente pas de cette soirée mémorable ; je récidive lors d'une conférence de presse. Je défais ma ceinture sous la table, et finis par me mettre debout pour discuter avec les journalistes. Peu à peu, mon pantalon glisse sur mes jambes jusqu'à mes chaussures. Bien sûr, je fais mine de n'avoir rien remarqué et continue de répondre à la curiosité des médias, en slip. Je parle ainsi depuis deux minutes, quand je vois débouler du fond de la salle mon camarade Philippe de Broca qui, expert en surenchère, s'est totalement déshabillé. C'est à poil qu'il monte sur l'estrade pour parler de *Cartouche*. La salle a dû apprécier notre sketch improvisé, puisque les articles furent élogieux !

Le film lui-même devint rapidement populaire, entraînant plus de trois millions de spectateurs. Rien de mieux qu'un carton au box-office pour caresser l'ego et encourager à continuer. Car le seul avis qui vaut, c'est celui du public.

Broca, lui, ne sait pas être flatté, se contenter de ce qu'il a fait. Il se reproche ceci ou cela, et lorsqu'on lui dit : « J'ai raté ton dernier film », il a l'humour et l'humilité de répondre : « Moi aussi. »

Deux ans plus tard, il est inquiet lorsque, de retour à Paris, il monte les rushes et propose une première version à toute l'équipe. Il n'a pas le sentiment de regarder un vrai film, mais la vidéo de vacances d'une bande de joyeux abrutis. Le producteur, Alexandre Mnouchkine, trouve ça très bien, et tente de le rassurer. En vain. Pourtant, il a raison : *L'Homme de Rio* est plus que viable. Tout le monde l'aime.

En France, où les spectateurs font la queue de bon matin. Aux États-Unis aussi, grâce à la publicité faite à l'œil par le frère du président, Robert Kennedy, qui l'a adoré alors qu'il l'a vu en français.

Plus tard, Spielberg écrira à Broca qu'il l'a regardé neuf fois, qu'il s'en est imbibé au moment d'écrire ses *Aventuriers de l'arche perdue*.

Moi, j'étais ravi de constater que notre collaboration avec Philippe portait ses fruits, en or, et que la joie et la sincérité investies payaient. Grâce à ces deux films, en outre, j'avais ajouté une nouvelle source de plaisir pour moi : les cascades.

Épaulé par Gil Delamare et porté par la confiance de Broca, je suis désormais capable d'accomplir toutes les actions, y compris les plus périlleuses, de mes personnages. J'ai passé au Brésil mon baptême du feu en tutoyant le vide. Maintenant, je pourrai tout faire. Et tout m'intéresse. Il suffira qu'il y ait entre les réalisateurs et moi une amitié créatrice, une complicité assez forte et un respect mutuel, pour que tout soit possible. C'était le cas avec Philippe de Broca et avec Henri Verneuil, dont les *Cent mille dollars au soleil*, western contemporain dans lequel j'obtins un rôle, affrontait au firmament de la gloire *L'Homme de Rio*.

Au mois d'août 1963, une équipe là aussi folklorique, composée entre autres de Bernard Blier, Lino Ventura, tout juste sortis des mythiques *Tontons flingueurs*, et moi-même, débarquait à Ouarzazate, dans le Sud marocain, pour tourner un rodéo de camions, émaillé des dialogues savoureux de Michel Audiard. Verneuil étant un type professionnel, et profondément humain, il est facile pour moi de travailler avec lui. Il ne prétend pas diriger les acteurs, mais les choisit en fonction de la manière dont ils se dirigent eux-mêmes. Il apprécie les belles natures, les acteurs qui ne jouent pas, et se frotte les mains de nous réunir, Lino, que je retrouve avec joie, Blier et moi.

Entre les scènes, les deux bons vivants que sont mes partenaires, en manque de gueuletons franchouillards, parlent de bouffe. Bernard décrit avec un talent incomparable le bruit d'une baguette fraîche que l'on croque, le rose lisse des rillettes et la délicieuse odeur du boudin. Au point de nous rassasier et de dédaigner les sandwiches fournis par la production.

Le soir, Lino l'Italien, lassé par le pois chiche, fait cuire les pâtes dont il a apporté tout un stock. Pour le taquiner, Blier le pince-sans-rire fait mine de critiquer sa cuisson et le met hors de lui pour de vrai.

Avec moi, c'est quand on répète une scène qu'il me fait croire que je suis nul. Bernard me regarde méchamment et, avec un ton réfrigérant, il me crucifie : « Tu ne vas quand même pas jouer comme ça ? » En fait, il plaisante ; il s'entraîne à jouer, teste sa crédibilité sur les copains. Parce que c'est ce qui manque au septième art, la présence réactive d'un public. Nous le remplaçons par nos partenaires sur lesquels nous vérifions notre justesse. Les rires que l'on entend au théâtre, je les cherche sur le plateau. Alors, comme Blier, je les prends chez les copains entre les prises, ou pendant.

Je lance notamment des concours de pets *in situ*, exercice très utile pour développer ses capacités de concentration et de flegme au travail.

La première fois, j'ai vu le sourcil de Bernard se soulever subrepticement ; mais, la surprise passée, il a surenchéri d'une telle manière, sonore et martiale, que j'ai su avoir un adversaire à ma taille. Il a d'ailleurs remporté le titre au classement général. J'aurais pu sombrer dans la nostalgie, le tournage achevé, tant il avait été une rigolade incroyable avec des acteurs formidables, si Henri Verneuil ne m'avait pas emmené faire un autre film avec des copains.

Le décor de *Week-end à Zuydcoote* détonne, lui, sur les paysages d'Afrique du Nord ; mais, pour ce qui est de la déconnade, le niveau est maintenu. C'est à Dunkerque que l'on tourne cette adaptation très sérieuse de Robert Merle, laquelle retrace un épisode tristounet de notre histoire : la débâcle de 1940.

Verneuil a obtenu un budget pharaonique qui lui permet de louer tous les équipements de guerre nécessaires à la crédibilité de l'action et de recruter une belle palette de comédiens ainsi qu'une légion de figurants, trouvés sur place, payés le premier jour, ivres morts les suivants. Nous sommes une vaste bande de joyeux lurons. Parmi eux, de très bons potes, Jean-Pierre Marielle et Pierre Vernier, auxquels s'ajoutent Pierre Mondy, François Périer, Georges Geret, Jean-Paul Roussillon... Pas une scène n'échappe à nos conneries.

Marielle interprète un prêtre qui, à un moment du film, retrouve les affaires d'un soldat mort, incarné par Périer. Derrière lui, des avions passent et un bruit d'explosion se fait entendre. Il doit prendre le portefeuille du héros défunt en disant : « Je vais envoyer ses papiers à sa femme », et l'ouvrir sur la photo – choisie par Verneuil – d'une épouse visuellement compatible avec Périer.

L'action commence et mon camarade Marielle joue à la perfection le curé compatissant et triste, soudain investi d'une belle et touchante mission. Comme convenu dans le scénario, il saisit délicatement le portefeuille et énonce sa phrase d'une voix grave et responsable. Mais, quand il ouvre les papiers, il sursaute, crie : « Oh non ! Arrêtez ! », et se met à trembler et à pleurer de rire. Verneuil lance : « Coupez ! », puis « Jean-Paul ! », d'un ton accusateur. Innocemment, je me défends : « Mais pourquoi tu me regardes comme ça ? » Bien sûr, il a deviné que c'est moi qui ai substitué à la photo de l'honorable compagne du décédé une image pornographique où l'on voit une femme dénudée très occupée par un type.

Henri Verneuil me gronde pour la forme, mais ne s'énerve pas complètement. Sauf une fois, parce que notre propension à faire les cons prend ce jour-là les allures d'un sabotage.

La logistique de *Week-end à Zuydcoote* était spéciale-ment complexe et lourde. Des pneus devaient brûler dans la ville pour reconstituer l'atmosphère irrespirable des combats, et des avions sillonner un grand espace aérien contrôlé par différentes bases. Le réalisateur avait lui aussi l'obligation de se mettre dans la peau d'un général, plani-fiant et passant des ordres à la radio. Le timing est serré et précis. Des avions sont coordonnés avec des explosions et un peuple de figurants. La scène est très compliquée, délicate, et ne peut donner lieu à trop de prises.

Mais quand ce n'est pas moi qui fais l'idiot, c'est un autre. Et là, c'est François Périer qui balance une vanne à Pierre Mondy, qui part dans un fou rire qui m'entraîne aussi.

Le problème, c'est que la situation, la pression de tous ces gens et coucous en place pour tourner nous empêchent de nous arrêter de rire. Comme à l'école, quand on se gondole d'autant plus qu'on n'en a pas le droit.

D'abord patient, Verneuil finit par gueuler. Ce qui n'a d'autre effet que d'aggraver notre hystérie. Nous nous tordons tous les trois, nous tenant le ventre et pleurant de rire. Le moment dure une éternité pendant laquelle, en effet, nous bloquons le tournage. Mais nous fabriquons un souvenir heureux.

Après ce fou rire magistral, Pierre Mondy se mettra des cotons dans les oreilles pour ne pas entendre nos blagues et rester concentré sur son rôle.

L'une de nos farces favorites pendant ce *Week-end à Zuydcoote* était d'asperger avec les lances à eau de pompiers des flics qui se tenaient là et auxquels on faisait croire, après les avoir entièrement mouillés, que c'était par erreur, que nous les avions pris pour des figurants. Ils goûtaient fort peu notre méprise répétée et ont fini par se révolter.

Tout comme la mairesse de ce village du Nord que le film mettait à feu et à sang, pourrissant son environnement sonore et visuel, dérangeant ses directions, distrayant bizarrement ses habitants avec une fausse guerre. Mais, quand elle s'est déplacée pour se plaindre de ce tournage insupportable, je l'ai accueillie avec des pétards qui ont failli la convaincre de nous l'interdire. Mais Verneuil a pu finir son film, nous nos facéties, et tout le monde était heureux. Surtout les spectateurs quand ils l'ont découvert.

14

Les relèves

Le vieux fait la gueule. Et ça fait une semaine que ça dure. On m'avait prévenu qu'il était renfrogné, mais je ne savais pas que c'était à ce point-là. Tous les jours, le même cirque, c'est-à-dire rien. Il arrive à l'heure sur le tournage, voire en avance, il fait son boulot, il s'en va quand c'est fini. Et, entre les prises, il a le nez dans *Paris Turf* avec un air assez bougon pour qu'on lui foute la paix.

Moi, je ne suis pas du genre à forcer le contact, encore moins à courir après ceux qui me snobent.

Avant d'accepter le film, j'ai vérifié auprès de son réalisateur que je ne serais pas son faire-valoir. C'est le risque quand on partage l'affiche avec des acteurs de cette trempe, déjà mûrs, déjà glorieux. Pour le reste, le caractère légèrement rugueux du bonhomme, on ne m'a rien assuré.

Il n'aide pas à réchauffer cet hiver 1963 ; alors je me console en lisant les actualités sportives dans mon quotidien, celui que je lis depuis que j'ai treize ans, depuis sa création en février 1946 : *L'Équipe.* Ça suffit à m'occuper, pas à rigoler.

Je ne suis donc pas mécontent quand il commence à me regarder du coin de l'œil, parce qu'il a remarqué que j'étais plongé dans un canard sportif. Et, quand je le vois se lever et s'approcher de moi, je souris.

Jean Gabin vient me parler. De sujets que nous avons en commun : le sport, et en particulier le foot et la boxe. S'il ne les pratique pas autant que moi, il les suit avec une passion équivalente. Son beau-frère étant un ancien champion de France dans la catégorie poids léger, il s'intéresse de près aux combats sur le ring.

En quelques minutes de conversation, l'affaire est faite : nous seront amis. Le tournage d'*Un singe en hiver* peut enfin commencer.

Il me fascine. Quand je ne fais pas le con avec lui, je l'observe, je l'admire. Gabin reste Gabin hors et sur le plateau. Il n'y a aucune différence entre lui et les personnages, qu'il ne joue pas, mais auxquels il fait jouer Gabin.

Sa façon de parler, sa gestuelle, ses expressions proviennent toujours du même endroit, du même homme, de la même âme, large. Ses phrases sont des voyages, des reliefs improbables, ses mots roulent comme des rochers et font du feu sur leur passage. Cette langue à lui, dont Michel Audiard a tiré des dialogues truculents, vous conquiert vite l'oreille.

Un jour, alors que j'évoque, avec une forme de crainte dans la voix, l'instabilité de la carrière de comédien, la précarité de la gloire et la part de chance dans tout cela, il me balance : « Regarde ta fiole ! Quand t'auras les pailles blanches, tu plairas encore aux gonzesses. Te magne pas la devanture et laisse couler l'Orénoque. »

Les conversations sont aussi riches et savoureuses que les gueuletons dont Gabin ne peut se passer et qu'il nous organise presque tous les soirs. Nous visitons tous les lieux de gastronomie de Deauville et de ses environs. Nous finissons nos agapes tard dans la nuit, fin bourrés, la panse tout autant, le sourire idiot, la parole amicale et le verbe fleuri. Et lui, il emporte en plus avec lui la culpabilité d'avoir dévoré autant, qu'il apaise d'une bonne résolution : « Demain, jambon-salade ! » Qu'il ne tient pas plus le lendemain que le surlendemain.

Il ne résiste pas au plaisir, il attrape la vie à bras-le-corps. Il apprécie mon sens de l'initiative et mon côté remuant. Où il lui arrive de me rejoindre, tout motif étant suffisant pour s'amuser.

C'est ainsi que je l'entraîne à participer à l'un des matchs de foot que j'organise sur la plage ou, avec mon frère Alain de passage en France, à des courses sur des vélos empruntés au personnel du Normandy.

En revanche, je ne réussis jamais à lui faire partager mon adoration de la vitesse en l'invitant dans mon AC Bristol. Il se déplace exclusivement dans sa propre voiture conduite par un chauffeur, ce qui, certains soirs d'ivresse avancée, le conserve entier pour le plateau du lendemain. J'accepte, par déférence envers mon aîné, de faire la route à ses côtés à l'arrière de sa grosse automobile tranquille.

C'est la première fois que je monte avec lui. Il neige, et il redoute certainement de glisser et d'aller nous enfoncer dans un talus du bas-côté. Il oblige son chauffeur à ralentir toujours un peu plus, jusqu'à frôler le point mort.

Plus tard et malgré cette expérience, je prends le risque de l'accompagner dans un voyage jusqu'à Paris, où j'ai bien cru que nous n'arriverions jamais. L'ordre étant de ne pas dépasser les 45 kilomètres à l'heure, nous avons battu le record de lenteur de toute la Normandie.

Étant donné ce qui nous unissait profondément, sur le plateau, nous n'avions pas besoin de nous forcer beaucoup. D'abord, je redoutais de ne pas être à la hauteur, spécialement dans les scènes d'ivresse où je savais Jean exceller. Mais sa générosité, sa bienveillance, m'ont bonifié pendant tout le tournage. Et lui se reconnaissait en moi, comme s'il y avait une sorte de filiation d'acteurs entre nous.

Dans le *Singe*, à un moment, il me dit : « Embrasse-moi mec. Tiens, t'es mes vingt ans. » Il le pensait sincèrement. Verneuil m'a raconté qu'il lui avait déclaré, enthousiaste : « Maintenant, vous ne me direz plus : "Il nous faudrait un Gabin d'il y a trente ans", vous l'avez ! » J'acceptai le compliment comme il se doit, avec joie et fierté.

Il faisait attention à moi comme s'il avait été mon père, hésitant parfois entre se poiler de mes bêtises et s'en inquiéter.

Lorsqu'il a vu que je ne serais pas remplacé pour la fameuse scène de corrida avec des voitures, il était au bord de l'attaque. Il m'a engueulé, me rappelant que des gens étaient payés pour faire ce métier. Sauf que cette soif d'adrénaline que j'ai satisfaite avec Philippe de Broca, je l'avais déjà en 1963.

Certains idiots ont cru que c'était l'appât du gain qui me poussait à la voltige, supposant que j'étais payé le double pour mettre en jeu ma peau. Ce qui n'a, évidemment, jamais été le cas.

Je ne craignais rien dans cette arène mécanique. Les volants de ces bagnoles taurines étaient tenus par des spécialistes, des pilotes tels que Jo Schlesser et Johnny Servoz-Gavin, que j'ai retrouvés plus tard, en février 1968, sur le tournage sportif de *Ho !* de Robert Enrico. Cinq mois plus tard, le premier s'est tué à Rouen dans sa voiture.

J'avais d'autant plus envie d'être le torero de cette danse périlleuse avec des bagnoles que j'avais été le témoin de la scène originelle et réelle qui l'avait inspirée. J'en connaissais bien l'auteur, dont mon personnage était le double fictif : Antoine Blondin, le magnifique, le héros de mes tribulations germanopratines.

Dans un état d'ébriété folle, il faisait le dingue devant la Rhumerie, boulevard Saint-Germain, toujours au bord de se faire empaler par l'une des voitures à la tête desquelles il se jetait. Il remportait de loin la palme de la témérité et de l'absorption d'alcool, ou *vice versa*. Légèrement suicidaire, il savourait de se retrouver seul contre dix adversaires qu'il avait pris soin de provoquer.

Sa technique était simple et très efficace, la violence verbale ou physique n'étant jamais lente à se déclarer. Il entrait à l'Échaudé ou au Bar-Bac, l'un des repaires d'ivrognes et de fêtards en tout genre qu'il fréquentait, et s'incrustait au comptoir dans la première conversation qu'il trouvait et où étaient engagées au moins trois ou quatre personnes. Il écoutait ce que disaient les uns et les autres, puis les contredisait tous d'une façon méprisante. Les poings ne tardaient pas à s'armer et à voler sur lui. Quand j'étais dans le coin, je me lançais dans la bataille et ressortais quelque temps plus tard, les vêtements déchirés et le visage amoché. Lui s'en tirait avec des bleus partout, les deux yeux au beurre noir. Il lui arrivait de garder sa peau jaune et bleue des semaines durant. Il était probablement le plus fêlé des Hussards, et le plus attachant aussi.

Quand il est mort en 1991, j'ai lu avec tristesse à son enterrement à l'église de Saint-Germain-des-Prés. Je comprenais son art de mettre le bazar, de cramer la vie avant qu'elle ne vous crame. C'est ce qu'il avait en commun avec un autre de mes maîtres, devant lequel je mettais les deux genoux à terre : Pierre Brasseur.

En 1957, dans la période où je me démène pour obtenir de petits rôles, j'ai la chance d'en décrocher un mieux que petit dans une pièce de Shakespeare, mise en scène par Georges Vitaly au Théâtre de l'Athénée, *La Mégère apprivoisée*. J'ai pour partenaires de jeu mon ami Michel Galabru, Suzanne Flon et Pierre Brasseur, un ami de mon père et père d'un ami du Conservatoire, Claude.

Je connais la réputation de l'acteur, genre d'ogre autocratique et susceptible, mais les répétitions me prouvent qu'elle est en deçà de la vérité. Il est parfaitement odieux : il engueule tout le monde quand c'est lui qui est en tort, il méprise les seconds rôles, il ne tolère pas la moindre critique sur son jeu. Je comprends mal qu'un être si antipathique soit apprécié de mon père, et père d'un type aussi sympathique que Claude. Il me court sur le haricot parce qu'il gâche l'ambiance avec ses coups de gueule, ses hystéries d'empereur.

Ça se passe mal jusqu'à la veille de la première où, là, c'est pire.

Alors qu'il vient de gratifier à peu près tous les comédiens d'un encouragement sur leur jeu, il me plaque au mur d'un : « Toi, tu es mauvais. »

Évidemment, je n'apprécie pas. Je m'énerve et me tire en le défiant d'une voix forte : « On verra bien demain lequel des deux fera rire le public ! »

Le lendemain, je le surprends suant et angoissant avant le lever du rideau. Il a le trac. Je suis sûr de l'emporter. Et, en effet, je provoque pendant la pièce plus de réactions que lui.

Alors que je savoure ma victoire dans ma loge, il débarque. Plutôt qu'une semonce, c'est la brosse qu'il me passe. Il m'a trouvé « formidable » et il m'invite à boire un coup.

De ce soir-là, nous n'avons plus cessé d'aller picoler dans les bistrots de Pigalle. Lui, parfois, commençait même avant la représentation. Mais l'alcool ne réussissait pas à sa mémoire, qui le trahissait une fois sur scène. Il avait pris l'habitude de m'appeler à la rescousse quand les trous l'arrêtaient au milieu d'une réplique, mettant la souffleuse officielle, Madame Rose, au chômage. Je trouvais une pirouette ou, mieux, lui soufflais ses phrases que j'avais fini par connaître par cœur.

Pour me remercier, plus tard dans la nuit, il s'amusait à me mettre dans l'embarras. Comme Blondin, il cherchait la baston. Mais, contrairement au premier, son but n'était pas qu'on le frappe, mais de me voir me débrouiller de la situation.

Dans son inénarrable pantalon vert, perché sur ses talonnettes, il insultait le premier tatoué avec ses copains colosses qu'il trouvait tranquillement posés dans un bar, et me disait : « Allez, vas-y ! » J'essayais de temporiser avec de mauvais arguments du type : « C'est monsieur Brasseur ! » ou « Il ne vous a rien fait », généralement mal reçus. Pierre se marrait devant mes tentatives pour rétablir la concorde ou mes contorsions pour éviter des mains. Il adorait me voir en Marcel Cerdan.

Il savait qu'il pouvait tout se permettre avec moi. D'abord, parce que ses dons d'acteur m'éblouissaient :

c'était un dieu pour moi. Ensuite, parce qu'il m'avait sorti d'une situation délicate. Avec mon camarade Hubert Deschamps, nous étions impliqués dans une sale bagarre nocturne qui nous avait valu d'aller visiter le commissariat de Saint-Germain.

Comme la perspective d'y rester vingt-quatre heures ne m'enchantait pas, j'ai demandé aux flics qu'ils appellent Pierre Brasseur, une énorme vedette en ce temps-là. D'abord, ils ne m'ont pas cru ; puis, par curiosité, ils ont vérifié le numéro de téléphone que je leur avais donné. Ils sont alors tombés sur lui, penauds, et ont dû annoncer à la grosse voix grave que deux de ses comédiens étaient en prison. Il s'est énervé et a exigé qu'ils nous libèrent. Il hurlait qu'il avait besoin de nous pour *La Mégère apprivoisée*, qu'il fallait impérativement nous relâcher. Ils ont obéi, et j'en ai gardé à mon aîné une éternelle reconnaissance.

Treize ans plus tard, on me propose le rôle principal des *Mariés de l'an II*, petit chef-d'œuvre préparé par Jean-Paul Rappeneau, avec une pléiade de bons acteurs – tels Charles Denner, Julien Guiomar, Sami Frey, Michel Auclair, mon copain Mario David – et actrices. J'ai pour partenaires féminines Marlène Jobert et Laura Antonelli, que je rencontre – amoureusement – sur ce tournage.

Dans le rôle de mon père à l'écran, c'est Georges Wilson qui est prévu, mais je me permets de réclamer à sa place Pierre Brasseur. J'ai très envie de rejouer avec lui et il m'est plus aisé d'en faire mon père. On accède à ma demande et je l'annonce à l'intéressé, à qui je fais promettre de se tenir tranquille. Depuis nos escapades à Pigalle, il n'a pas modifié ses habitudes : il a gardé comme vieux complice son penchant pour la boisson, qui lui cause bien des désagréments dans son métier. Moi, de la part d'un si grand acteur, je suis prêt à tout pardonner. À lui, à Michel Simon et à Jules Berry.

Pour être certain qu'il sera sage avec son vice, il se fait envoyer, avant d'arriver sur le tournage qui se déroule en Roumanie, des caisses de bière sans alcool. Je suis rassuré. Jusqu'à ce que j'aille le chercher à l'avion en grande pompe, avec les patrons du film, le réalisateur, le producteur. J'ai tellement fait l'apologie de cet immense artiste qu'il convient de l'accueillir comme il le mérite : avec les honneurs.

Nous sommes rassemblés et dignes au pied de l'escalier de l'avion ; je suis ému de le voir apparaître dans l'encadrement de la porte, je m'attends à ce qu'il nous fasse un petit signe, mais non. Au lieu de ça, il trébuche et dégringole les marches sur les fesses. Il est soûl et presque incapable d'aligner deux mots cohérents. Les autres me lancent des regards noirs que je feins de ne pas noter.

Je l'ai sermonné gentiment, avec tout le respect que je lui devais et lui portais. Il s'est excusé et n'a pas tardé à recommencer encore et encore, au point de ne pas dessoûler du tournage.

Un jour, il a disparu. J'étais fou d'inquiétude. Et puis on l'a retrouvé au bout de deux jours dans un poste de police locale, salement amoché. Il était incapable de nous raconter ce qu'il avait fait pendant tout ce temps. La production a fini par perdre patience.

Un matin, j'ai trouvé mon pauvre Pierre dans le hall de l'hôtel avec ses bagages. Il m'a expliqué qu'on le virait. Alors j'ai fait ce que j'avais à faire. J'ai expliqué au producteur que, si Brasseur s'en allait, je me tirais aussi, car j'avais signé un contrat stipulant que je jouais avec lui. Je ne ferais pas de film sans lui ; je suis monté chercher mes valises.

Ça a marché. Ils ont eu peur et ont consenti, de mauvaise grâce, à le garder malgré ses frasques, lesquelles ne se sont pas arrêtées.

C'était plus fort que lui. Mais ce qui était encore plus fort était son génie de comédien. En dépit de son addiction, il était toujours très bon. Je n'ai jamais cessé d'être époustouflé par son jeu.

15

Vivre libre

Mon personnage s'appelle Ferdinand, en référence à Louis-Ferdinand Céline, l'auteur d'un livre qui ne me quitte jamais.

Je suis tombé sur *Voyage au bout de la nuit* à l'époque du Conservatoire, ou plutôt il m'est tombé dessus pour ne plus me lâcher. Depuis, je rêve d'être Bardamu.

À l'automne 1964, mon fantasme s'est précisé, grâce à Michel Audiard, qui partage le même goût pour l'œuvre de l'écrivain sulfureux. Il a écrit une adaptation qu'il a transmise à Godard, plutôt partant.

Mais le producteur n'est pas parvenu à boucler ses comptes, astronomiques, à cause du gigantisme du projet, et un problème de droits est survenu. Las, Audiard a abandonné l'histoire – et moi, je suis resté avec ma frustration.

Jean-Luc Godard, quant à lui, toujours en train de méditer un film, m'a confié un roman policier de Lionel White, *Obsession*. Il y était question d'un redoutable gangster des années 1940, Pierre Loutrel, connu pour son alcoolisme et sa violence sans borne. Surnommé « le Louf » ou « le Dingue », il avait laissé une trace puissante dans les mémoires, comme s'il avait été une pure incarnation du Mal.

Godard voulait en faire un film, attiré par cette figure de type sans limite, immoral jusqu'au bout de son âme, diaboliquement émancipé. J'étais d'accord pour l'interpréter, parce que j'avais bien aimé le bouquin, et que c'était lui qui réalisait le film. Je ne prêtais pas attention aux remarques aigres de certains qui me trouvaient déraisonnable de retravailler avec lui. Je réitérais dès qu'il me le proposait. Je prenais un tel plaisir dans cette complicité qui nous liait et ouvrait tous les possibles sur le plateau. La liberté fabuleuse qu'il nous autorisait créait des films fous, intelligents et sincères. Pour rien au monde, je n'aurais raté une aventure avec lui. Cette fois encore, je sentais que son sujet, cette course tumultueuse vers le soleil de personnages trop fulgurants pour ne pas mourir, nous mènerait vers une expérience précieuse et une œuvre étonnante.

Comme de coutume, deux jours avant le début du tournage, je n'avais ni scénario, ni dialogues à apprendre. *Pierrot le fou* démarrait selon les mêmes règles que celles d'*À bout de souffle*, notamment l'improvisation extrême.

La veille de commencer, nous avons ce court échange, avec Godard :

« Il est bien, ce roman policier que tu m'as passé.

– Oui, mais ce n'est pas du tout ce que nous allons tourner. »

Nous commencerions à Paris, nous terminerions à Porquerolles, et entre les deux nous ferions les dingues. Dans le « nous », il y avait Anna Karina, au sujet de laquelle Godard continuait de se tourmenter sans cesse et qui finirait par le quitter pour Maurice Ronet. Avec elle, c'était aussi facile qu'avec Jean Seberg.

L'année précédente, j'avais retrouvé l'ancienne lubie de Jean-Luc, avec laquelle les liens avaient été si joyeux et créatifs. Jean et moi étions embauchés par Jean Becker pour tourner une sorte de policier comique, préfiguration du *Corniaud* de Gérard Oury : *Échappement libre*, qui nous a fait sillonner l'Italie, la Grèce, le Liban et l'Espagne. Où mon cher Jean-Pierre Marielle nous a brièvement rejoints, ainsi que le nouveau compagnon de Jean Seberg, Romain Gary, avec lequel je m'entendais presque aussi bien qu'avec Jean-Luc !

Un soir, nous sommes tous invités à un dîner à l'ambassade de France. À la table d'à côté, une vieille pimbêche aigrie, très haut placée, nous observe en biais depuis le début du repas. Au bout d'un moment, elle s'adresse à Jean Seberg : « Ça ne vous dérange pas d'être avec un homme beaucoup plus vieux que vous ? » L'écrivain tourne alors les yeux vers la dame d'un air méprisant et triste, sans prononcer un seul mot. Jean est estomaquée. Je me lève et dis : « On s'en va. » Nous quittons aussitôt la réception à laquelle, de toute façon, nous nous ennuyons.

Globalement, le tournage d'*Échappement libre* se déroulait sous un ciel plus joyeux que celui de cette scène déplorable. En Espagne notamment, j'ai ajouté une nouvelle farce à mes faits d'armes.

Dans un hôtel de Grenade, surpris par l'alignement des paires de chaussures que les clients abandonnaient à la porte de leur chambre et dans lesquelles il n'était pas rare de se prendre les pieds, j'ai eu l'idée saugrenue de les crucifier sur les portes.

Le résultat aurait fait pâlir de jalousie Marcel Duchamp, et je n'étais pas peu fier. Sauf que mes expérimentations contemporaines n'ont pas trouvé de public autre que mes partenaires de jeu, dont Jean Seberg qui se marrait. Mon accrochage de souliers a même déclenché une tempête de critiques virulentes de la part de leurs propriétaires et du tenancier de l'hôtel. Lequel a même eu à cœur de virer l'auteur de cette brillante exposition et tous ses collègues. Bref, toute l'équipe.

Pour être tout à fait certain que nous n'allions pas profiter de notre départ forcé pour nous livrer à un nouvel acte de ce qu'il estimait être du vandalisme, cet homme sans goût a fait appel à la police pour surveiller notre sortie des lieux.

Nous avons dû obtempérer et trouver un nouveau lieu d'hébergement à l'esprit assez large pour nous accueillir. En espérant que la concurrence dans l'hôtellerie empêcherait la circulation des renseignements sur les clients à ne pas admettre.

Jean Becker tolérait mes bêtises avec le sourire, sans même penser à m'engueuler. Lui et moi étions copains depuis ma participation à son premier long métrage, *Un nommé La Rocca*, en 1961, réalisé sur un scénario du talentueux José Giovanni.

L'histoire, dure et édifiante, m'avait plu : un truand qui succède à un autre à la tête d'affaires crapoteuses, puis en prison. En plus, le fait de m'avoir au générique devait l'aider à trouver des financements.

Pour ce film, il avait prévu pour moi de bons camarades de jeu : Pierre Vaneck, Michel Constantin, que je ne connaissais pas encore, et Mario David.

Avec ce dernier, c'était un cirque permanent. C'était à celui qui dégainerait le premier sa connerie. Et nous étions chargés. Hélas, nous avons déchanté à la sortie du film. Il ne correspondait pas à ce que nous avions l'impression d'avoir tourné ; il avait été largement édulcoré au montage pour ne pas fâcher les hypocrites et les sensibles en leur imposant un monde réel, mais trop violent pour eux.

Comme il ne se remettait pas de sa déception et de ce qu'il prenait pour une trahison, onze ans après *Un nommé La Rocca*, Giovanni a refait un film comme il le voulait, *La Scoumoune*, à partir de son bouquin, et m'a convié à y participer aux côtés de ma vieille copine Claudia Cardinale. L'occasion de revenir sur une frustration n'étant pas souvent donnée, j'ai accepté. Et le plaisir de tourner dans les Studios de la Victorine à Nice ne se néglige pas. Surtout quand Michel Constantin est de la partie.

Nous avons tourné dans le Sud, à Perpignan et dans des zones assez marrantes où j'ai, au fil des années, pris des habitudes : Nice et Saint-Tropez. Là, les opportunités de déconner et de très bien vivre foisonnaient. L'alcool, les filles, les concours de course à pied organisés par Constantin, que je gagnais trop souvent, ou les matchs de volley, dans lesquels Michel excellait pour figurer dans l'équipe de France de ce sport – il y avait pire, comme environnement et distractions.

Et puis j'avais conservé ce tic, contracté avec Philippe de Broca, de tout déménager dans les hôtels. Je sortais les meubles dans le couloir, ou intervertissais le mobilier de deux chambres ; mieux encore, je déplaçais mon habilleuse Paulette, abîmée dans un sommeil de plomb, dans le hall, où elle se réveillait le matin au milieu d'un attroupement de clients curieux.

Avec Godard, c'est sur le plateau que je donnais le meilleur de ma créativité, ce qui me laissait peu d'énergie pour faire le zouave entre les scènes. Comme toujours avec le réalisateur suisse, le naturel s'imposait dans nos scènes ; tout était fluide et évident.

Jean-Luc prenait des notes pendant la nuit sur ses fameux cahiers d'écriture et ouvrait les hostilités le matin avec quelques pistes d'action. Nous grimpions dessus et lâchions notre imagination. Godard me tendait un pinceau et de la peinture bleue, et, comme si c'était un geste quotidien, accompli mille fois, je me barbouillais le visage. Il parlait à peine, mais nous savions quoi faire, parce qu'il y avait entre nous cette sorte de communication silencieuse qui lie les amants, même à distance – une précieuse osmose.

Il avait des propos à tenir dans ses films, nous en devenions spontanément la forme. Il ne restait pas grand-chose de l'histoire de Loutrel : il n'était plus qu'une vague référence parmi d'autres, nombreuses, dont Céline ou Rimbaud.

Pierrot le fou brouillait les pistes pour ceux qui recherchent la simplicité, la certitude, les idées toutes faites, les conventions rassurantes. Il choquait, comme il fallait, au point d'être interdit aux mineurs pour « anarchisme intellectuel et moral ».

L'art de Godard, encore une fois, sapait les autorités, qu'elles soient morales, esthétiques ou culturelles, et explosait dans les yeux de ses spectateurs.

Hélas, le film a fait un bide. Ça ne m'a pas influencé, moi, qui ai longtemps chéri ce film comme un de mes préférés – avant que je mûrisse et admette la bêtise de n'en élire qu'un.

D'ailleurs, un autre de mes favoris est sorti en même temps, réalisé par un homme que j'admire avec constance. *Les Tribulations d'un Chinois en Chine*, inspiré de Jules Verne, c'était d'abord la trouvaille d'Alexandre Mnouchkine, emballé par le succès de *L'Homme de Rio*, désireux de répéter la joie d'un tournage dans des pays étrangers où l'improbable est le plus sûr.

Cette fois, il avait décidé de faire encore mieux, encore plus loin. Et Philippe de Broca, lui, n'attendait que ça : une occasion d'épater vraiment la galerie. Ils allaient voir ce que c'était, des scènes périlleuses, des rebondissements, un héros attachant, survivant et romantique. Broca tournerait tous les boutons à fond sur ce film, il ne s'empêcherait rien et me ferait tout faire.

Le trio infernal que nous formions, Mnouchkine, Broca et moi, après avoir voltigé au Brésil, avait prévu de troubler l'impassibilité asiatique. Et, pour nous aider dans notre entreprise, bon nombre de mes copains acteurs ont été engagés : Jean Rochefort, Mario David, Maria Pacôme, Darry Cowl, Paul Préboist et, bien sûr, mon ami et superviseur de cascades, Gil Delamare.

Toutes les chances étaient de notre côté pour se marrer comme jamais.

À Hong-Kong, nous nous sommes surpassés dans la malice jusqu'à ce que la place du directeur de l'hôtel soit mise en jeu et que, par charité, nous nous calmions.

Un soir, tard, avec Gil, nous décidons d'emmerder Broca, qui dîne avec Mnouchkine. Nous le faisons appeler par l'un de ses assistants, au prétexte que nous sommes complètement à poil et que nous semons la zizanie dans la discothèque du sous-sol. Le connaissant, nous savons pertinemment ce qu'il va faire.

Et, en effet, il débarque, nu, dans la boîte. Sauf que nous sommes évidemment habillés, et même très bien, sapés en pingouins, costard-cravate-cigare. Comme la totalité des clients qui dansent tranquillement, jusqu'à l'interruption de cet exhibitionniste. Nous nous esclaffons tandis que lui se décompose, avant de nous féliciter pour ce tour.

L'épisode me donne une autre idée : prendre l'ascenseur comme ça, en tenue d'Ève, avec le pantalon bien plié sur le bras, et saluer les gens quand les portes s'ouvrent.

J'avoue avoir pris goût, à cet instant, aux effets produits par mon exhibitionnisme amateur, et avoir volontairement multiplié les arrêts aux étages.

Ensuite, parce que je suis insatiable quand il s'agit de surprendre, je propose aux copains de vider la piscine du Hilton afin d'aller s'y baigner nus et sans eau.

Averti qu'un attentat à la pudeur est en train de se commettre dans son établissement, le directeur débarque et nous voit, nageant la brasse dans un trou de ciment. Par acquit de conscience, il nous demande ce que nous sommes en train de faire. Tout naturellement, nous répondons : « Ça se voit, non ? On nage ! »

Nous avons failli nous faire embarquer par la police hongkongaise, qui n'était certainement pas plus tendre que la française, surtout vis-à-vis de trublions étrangers et provocateurs comme nous.

Le directeur, un Italien avec lequel nous sympathisons à force de nous expliquer de nos bêtises, fait un jour l'erreur de nous mettre au défi, Gil et moi, de déambuler sur la corniche du dernier étage de l'hôtel, le soixante-cinquième ! Tout ce que nous attendons : un truc risqué. Nous nous exécutons, Gil devant, moi derrière, et nous lançons dans un numéro d'équilibristes en duo.

Après seulement quelques mètres, sous le regard des anges, nous entendons de là-haut la voix du patron du Hilton qui nous supplie de cesser notre jeu dangereux. Il regrette ce pari, du plus profond de lui-même.

Un rapide coup d'œil au bonhomme pourrait me faire tomber, tant il est cocasse à voir : à genoux, les mains jointes et l'œil implorant, il crie : « Pitié ! Pitié ! » Nous finissons par éprouver de la commisération, âmes généreuses que nous sommes. Le pauvre gars risque son boulot quand nous nous amusons à risquer notre vie.

Gil Delamare m'a appris précisément à réaliser des cascades sans me mettre trop en danger, en minimisant les possibilités d'accident.

Pendant toute la suite de ma carrière, je profiterai de ce qu'il m'a enseigné pour m'en sortir indemne. Et puis j'aurai, comme pour tout le reste, de la chance. Contrairement à Gil qui, un an après nos tribulations asiatiques, se tuera au Bourget en doublant Jean Marais dans un tête-à-queue sur une route glissante.

C'est un grand chagrin que de le perdre, lui, le demi-dieu rigolard, franc et solide, bienveillant et tellement gentil.

La mort brutale de mon copain ne me dégoûte pas des cascades, ni ne me détourne de la culture du risque. Comme si vivre à fond, sans peur, sans regard derrière son épaule puisque la route défile trop vite pour ça, était devenu la ligne directrice de mon existence.

La paternité aurait pu m'inoculer l'inquiétude, l'esprit de conservation, la crainte de l'avenir. J'aurais dû, si j'avais été un père « ordinaire », garder mes enfants sous cloche pour les mettre à l'abri. De quoi ? De la guerre ? De la mort ? Je n'avais pas ce pouvoir-là. De l'imprévu ? Certainement pas. Ne pas les priver de ce qui a si bon goût, de ce qui ravive sans cesse, de ce qui anime. Je voulais qu'ils aient une enfance aussi souriante que la mienne ; je voulais être un père aussi indulgent et tendre que mon père l'avait été.

En revanche, je n'avais pas son calme, mais une frénésie à faire le pitre, à être le clown personnel de mes trois petits chéris, Patricia, Florence et Paul.

Pour amuser les copains et satisfaire les réalisateurs, je me dépasse ; pour entendre le rire de mes gamins, je me surpasse. En donnant, bien souvent, le mauvais exemple. Ou le bon ? Parfois, ça se termine mal. Surtout pour moi.

L'une des acrobaties que je peux réaliser à domicile et qui les enchante est celle de Tarzan. Je prends mon élan du bout du couloir en me tapant sur le torse et en émettant le cri approprié, avant d'aller me suspendre à la barre fixe accrochée dans l'encadrement de la porte de la salle de bains. Je me balance vivement avant de faire une sortie bondissante.

Sauf que, un jour, le matériel me trahit. Et, au moment de me jeter sur la barre de tout mon poids, je sens qu'elle va céder. Je retombe d'un coup, la barre dans la bouche, comme dans un dessin animé.

Je suis très mal en point, les dents cassées, le bec arraché, le sang affluant à gros bouillons, mais il faut bien sauver la face devant les petits, faire en sorte qu'ils n'aient pas trop peur. Alors j'essaie de rigoler, mais mon sourire ne ressemble plus à rien. Il en sort des bouts nacrés et rouges.

L'inconvénient de mon métier est qu'il faut être en bon état ; sinon, on pose problème au rôle ou aux producteurs pusillanimes. Je ne peux pas rester comme ça, avec une béance à la place de la bouche, d'autant que ce n'est très pratique ni pour manger, ni même pour parler.

Je saute dans un avion pour les États-Unis afin d'aller récupérer un râtelier acceptable. Pour qu'il n'y ait aucune rumeur à mon sujet et que personne n'ait la mauvaise idée de nouer conversation avec moi, je me colle un énorme cigare entre les lèvres.

Hélas, je tombe sur une connaissance. Ou plutôt une connaissance tombe sur moi, à côté de moi. L'acteur allemand Horst Buchholz, un homme bavard et chaleureux, qui s'entête à vouloir tuer le temps du trajet en conversant. Ce qui ne m'arrange pas. J'ai beau marmonner dans mon barreau de chaise des trucs assez incompréhensibles pour le dissuader, il s'accroche, m'inondant de mille questions. Un des pires voyages de ma vie.

En voiture, je ne suis pas tellement plus calme quand mes enfants sont à bord. Je crois leur avoir très vite transmis le plaisir d'aller vite, surtout à Paul qui est devenu, comme je l'espérais quand il est né, pilote de Formule 1.

Petits, je les mettais sur mes genoux pour qu'ils conduisent et je leur laissais, dès qu'ils le pouvaient, les manettes. Je déclenchais des cris de joie quand, revenant dans notre maison à Saint-Maurice, je bombardais jusqu'au parking en terre cendrée à côté de l'église, où j'exécutais des dérapages au frein à main.

À cette époque, je jouais avec une Mini-Cooper aux suspensions raides, dont je testais aussi la tenue de route et la fiabilité. Remise en question le jour où elle s'est mise à brûler tandis que je la faisais tournoyer sur le parking.

J'ai pu vite faire sortir mes trois anges. Mais j'avoue que je n'étais pas très fier, *a posteriori*, de l'opération. Mon copain Charles Gérard dirait que ce n'est pas la faute du fabricant, et que j'ai toujours eu le chic pour casser les engins : les voitures, les raquettes, les skis, les bateaux…

Ce qui l'a toujours beaucoup emmerdé, c'est que je ruine les bateaux. Parce que nous nous sommes, à cause de moi, souvent retrouvés en panne, au milieu de la mer, avec des heures pénibles de nage devant nous pour rejoindre la rive, ou de rame à bord d'une barque.

Quand Charles se permettait de m'engueuler, tandis que nous transpirions pour nous sauver, je le faisais taire d'un : « Ferme ta gueule et rame ! »

La mauvaise foi fait partie de notre complicité, qui dure depuis soixante-quatre ans ! Il a vu grandir mes enfants, m'a accompagné dans toutes les vacances que je prenais avec eux, dans une villa près de Grimaud.

Aujourd'hui encore, nous ne nous quittons pas. Il vient déjeuner tous les jours avec moi. Comme autrefois, nous parlons de sport, des actualités, et nous disons des conneries. Nous sommes joyeux tous les deux, nous sommes en vie.

Parfois même, à ne pas nous quitter, nous n'avons pas vu le temps défiler sur nous, il nous arrive d'avoir l'impression de n'avoir pas vieilli, d'être hier.

La mère de mes trois premiers enfants, Élodie, ne m'a jamais fait de reproches sur ma façon un peu libre de les élever. Une fois séparés, nous avons toujours été en bonne intelligence. Elle me laissait les prendre pendant les vacances et les emmener sur mes tournages, du moment que je les ramenais à temps pour l'école. J'ai globalement respecté le contrat.

Sauf une fois où, happé par les délices d'Antigua, privé de moyens de communication modernes, j'ai oublié la rentrée scolaire de septembre.

J'ai prétexté qu'il n'y avait aucun avion pour rentrer et nous nous sommes amusés comme des fous. Nous sillonnions l'île à bord d'une Mini-Moke que j'autorisais les enfants à conduire. Paul avait alors onze ans.

Une fois, tandis que Florence, quatorze ans, était au volant, les freins ont lâché dans une descente impressionnante. J'ai juste eu le temps de récupérer le volant pour nous emmener foncer dans un gros buisson touffu, mais sans épines. La peur les avait émoustillés, et moi aussi. Nous avions vécu une aventure dont il serait bon de se souvenir... plus tard.

16

Notoire

Ils me fatiguent. À force. Ils n'attendaient que cela, les rapaces, pendant toutes ces années à me demander : « Mais alors, comment faites-vous pour rester fidèle à votre épouse avec toutes les femmes sublimes que vous tenez dans vos bras ? »

Ils m'ont soupçonné d'être l'amant de Claudia Cardinale, de Françoise Dorléac, de Jeanne Moreau, de Jean Rochefort...

Ça a fini par arriver : je suis tombé amoureux, là-bas, en Asie. Ursula Andress, une tigresse suissesse ultra-sportive, dynamique et désirable, une femme divinement belle et drôle, une âme sœur aux attraits de laquelle je n'ai pas eu le cœur de résister.

Ce n'est pas une passade, un besoin de nouveauté ou de conquête ; ce n'est pas non plus une trahison de ma femme, avec qui nous nous accordons bien. Même si je suis désolé de causer de la peine à nos trois enfants.

Mais, quand l'amour vient, il emporte tout. Le phénomène est d'ailleurs d'une telle banalité qu'il ne devrait susciter aucun commentaire particulier, d'autant qu'il se produit dans la sphère intime. Ma sphère intime.

Pourtant, l'annonce de mon divorce fin septembre 1966 fait couler beaucoup d'encre. Chacun y va de son petit couplet sur la légèreté des acteurs, leurs mœurs libertines, et ma soi-disant vie de Don Juan-Casanova permise par mes charmes irrésistibles.

Ils ont l'air de trouver normal que j'aie à payer le prix de la notoriété – une curiosité qui, à force d'être incessante, devient malveillante. Ces médias s'arrogent des droits qu'ils n'ont pas, des pouvoirs qu'ils ne méritent pas toujours. Un torchon comme *Paris-Jour* titre : « Belmondo divorce, mais Ursula n'a pas gagné », un article dégueulasse d'implicites tous plus nauséabonds les uns que les autres. Ça me met très en colère, parce que le mal est fait : le papier est publié.

J'exige un droit de réponse : « Cet article relatif à ma vie privée que vous vous croyez autorisé à décrire de la façon la plus fantaisiste et la plus désobligeante ne m'entraînera pas à engager avec vous une polémique sur les appréciations que vous portez d'autre part sur mes qualités d'"artiste de hasard", le public en est seul juge. Je crois cependant faire toutes les réserves sur les conséquences judiciaires qui s'attachent à votre immixtion dans ma vie intime, au risque d'affecter la sensibilité de mes enfants. »

C'est assez amusant de les lire alors que je me trouve précisément sur le tournage d'un film d'un réalisateur de la Nouvelle Vague avec lequel je n'avais pas encore collaboré jusqu'ici et auquel on ne peut pas reprocher de faire des films « de hasard » ou bêtes : Louis Malle. Il m'a proposé de camper un personnage que j'adore, inventé par Georges Darien en plein essor anarchiste de la fin du XIXe siècle, *Le Voleur*.

Je me découvre quelques affinités avec ce Randal, issu d'une famille bourgeoise mais ruinée, qui se lance dans le vol à grande échelle afin de subsister, certes, mais aussi de dynamiter l'ordre et la morale. Et je lui conserve sa gravité, ses côtés sombres. Je n'en fais pas un Arsène Lupin agité, aux aventures rocambolesques.

Sur le plateau, je ne change pas pour autant mes habitudes de déconnade, ce qui déconcentre ma camarade Françoise Fabian : elle a beau me connaître depuis le Conservatoire, moi et mon petit pull vert dont elle s'amusait à tirer des mailles, elle demeure troublée par ma profonde décontraction dans le travail.

Bien sûr, je la taquine, la divertis autant que je peux. Elle ne comprend pas comment je peux passer en une minute du comique au sérieux de mon rôle, ténébreux et cynique.

Ce que la critique, elle, ne comprend pas à la sortie du *Voleur*, c'est que je ne fasse pas le zouave comme elle en a l'habitude. Elle m'aurait voulu plus léger, sautillant, primesautier, voire drôle. Si je ne fais pas un truc fou dans un film, une cascade quelconque, si je ne sors pas d'idioties, si je n'exécute pas de pirouettes, si je ne vais pas de liane en liane, si je me mets à être un acteur parlant avec un texte pensé et profond, on m'en veut, on m'étrille.

Je me dois de garder mon emploi : acteur bouffon, gymnaste comédien, interprète dingo. En sortir est un crime de lèse-opinion. C'est dommage parce que, si j'ai choisi ce boulot, c'est justement pour changer sans cesse de costume. Alors, il faudra qu'ils s'habituent. *Le Voleur* sera finalement réhabilité avec les années, mais moi, ça m'est égal. Avec les années, c'est trop tard. Sur le moment, ça m'a agacé.

L'accueil du *Voleur* était pourtant contrebalancé par celui de *Tendre Voyou,* une comédie délicieuse que Jean Becker s'était plu à me proposer, prolongeant ainsi une fructueuse association. Avec, une fois de plus, Michel Audiard aux dialogues et mon copain Jean-Pierre Marielle.

J'y joue un homme qui séduit les femmes en chaîne, ce qui m'a valu d'être entouré d'une ribambelle de copines actrices sur le tournage. Sur mes conseils, Ursula est sollicitée pour ce film, mais elle n'est pas disponible. Elle ne m'a pas envoyé d'assiettes à la figure quand elle a su que j'irais à Tahiti quelques semaines, puis à Megève, avec un avion entier de superbes filles. Nos rapports, je dois l'avouer, n'étaient plus très pacifiques quand la jalousie s'en mêlait.

Un soir où j'avais un peu abusé de la nuit avec mon pote Charles Gérard, j'ai eu à le regretter. J'étais sorti pour un match de boxe, Ursula espérait mon retour à une heure décente. Sauf que je me suis laissé entraîner dans la joie de la soirée et n'ai regagné l'Île-aux-Corbeaux qu'à quatre heures du matin.

Un peu lâche, je l'avoue, j'avais emmené Charlot avec moi pour ne pas affronter seul la furie de mon amoureuse. Je supputais que la présence d'un tiers atténuerait sa colère.

Titubant et pouffant, nous avons voulu entrer dans la maison. Mais elle avait fermé tous les volets de l'intérieur : elle s'était enfermée pour me laisser dehors. Agacé de ne pouvoir pénétrer dans ma propre maison, je suis allé chercher une échelle qui traînait dans le jardin.

Nous nous trouvions, Charles et moi, à la moitié de notre ascension, fiers de notre stratagème, quand la fenêtre du dernier étage, celle sur laquelle s'appuyait l'échelle, s'est ouverte et qu'Ursula y a fait son apparition. Sans prononcer un mot, elle a décollé l'échelle du mur. Nous avons fait une chute sévère, alourdie par l'alcool que nous avions emmagasiné. Nous nous sommes fait mal, mais ça n'a pas empêché Ursula de continuer pendant longtemps à se moquer de nous et de notre plongeon.

J'étais quand même moins nerveux qu'elle, et moins jaloux. Un petit peu moins. Car je supportais mal qu'elle ait à embrasser ses partenaires masculins et qu'elle passe du temps avec eux. J'étais conscient de sa beauté et de l'effet qu'elle produisait, puisque j'en étais la victime, alors j'imaginais sans cesse le pire. Ursula, elle, me trouvait hilarant et craignait que je ne n'abuse de ce charme avec d'autres.

Pourtant, sur le tournage de *Tendre Voyou*, je me contentais de faire marrer les camarades féminines comme Maria Pacôme ou Mylène Demongeot, avec laquelle j'ai tourné une séquence extrême de conversation à l'arrière d'une voiture tirée par une dépanneuse.

Nous nous trouvions à Megève, où la température glaciale transformait l'attente sur le plateau en calvaire à la Frison-Roche. Nous étions, ma partenaire et moi, suspendus dans la bagnole comme des pièces de chambre froide, au bord de l'endormissement. Alors j'ai avisé un bistrot à quelques mètres de là, qui pourrait nous consoler et désengourdir nos bouches d'un café chaud.

Mylène et moi, après avoir retrouvé quelques couleurs et nous être remis à parler normalement, avons rejoint les autres. Mais, en approchant, nous avons entendu : « Moteur ! », et compris qu'ils ne nous avaient pas vus nous éclipser, et nous imaginaient dans la voiture, sages blocs de glace, prêts à l'action. Un grand silence a naturellement suivi le signal du réalisateur, bientôt craquelé par notre fou rire. Pour une fois, la blague n'était pas volontaire.

Ce qui nous réjouissait beaucoup, avec Jean Becker, c'était que mon personnage savait très mal skier. Ça tombait bien, parce que j'étais dans le même cas. C'est un sport dans lequel je n'ai jamais su m'y prendre.

J'ai d'ailleurs vite échangé contre du vélo-ski, plus proche de mes compétences de cycliste. J'ai pu ainsi emmener mes enfants et Charlot aux sports d'hiver à Crans-sur-Sierre et dévaler avec eux les pentes.

Je suis plutôt gentil. Et parfois crédule. Ce qui me vaut quelques légers désagréments. J'aurais dû notamment me méfier de l'offre amicale de Charles K. Feldman, avec lequel il m'arrivait de passer d'agréables vacances à Palm Springs. C'est comme ça qu'il a fini par me coincer, parce que j'ai perdu un pari avec lui.

Il était en train de préparer un film à gros budget, *Casino Royale*, une parodie de James Bond avec David Niven, Peter Sellars, Orson Welles et Woody Allen, et nous en parlait, à Ursula et moi. Finalement, il a trouvé cocasse de me donner un tout petit rôle de légionnaire affublé d'une moustache, qui participe à une bagarre générale après avoir sorti deux phrases ridicules en anglais. Comme il s'agissait d'un genre de gage, je ne me suis pas opposé à cette participation bouffonne à l'été 1966. Mais, quand le film est sorti quelque temps plus tard, j'ai eu la mauvaise surprise de voir mon nom figurer en énorme sur l'affiche alors que nous étions convenus que j'étais une surprise, un bonus invisible dans la distribution officielle. C'était parfaitement grotesque.

De toute façon, la lassitude pointait ; tout m'irritait. Je travaillais comme un forcené depuis presque dix ans. Depuis qu'*À bout de souffle* m'avait lancé, j'avais été littéralement kidnappé par le cinéma. J'enchaînais les tournages, les aventures, les collaborations, les rôles, les cascades, les pays, les hôtels, les voitures. J'avais déployé une énergie plus qu'intense ; j'avais tout donné, à chaque fois, complètement, sans réserve. J'avais fait mes preuves et donné tort aux barbons du Conservatoire ; j'avais acquis une notoriété qui m'apportait de formidables projets et, aussi, des emmerdes considérables.

J'aspirais à me cacher un peu, à ce qu'on me foute la paix, à n'être plus un sujet pour personne, à n'être plus l'objet des calomnies ou des paparazzis.

Pour gagner une tranquillité provisoire, j'ai loué une vieille maison sur la Marne, à quelques kilomètres de la Porte de Charenton, l'Île-aux-Corbeaux. Je me sentais enfin à l'abri de toutes les curiosités, libre de vivre paisiblement avec Ursula et mes enfants quand ils étaient là. Aucun paparazzi ne pouvait nous dénicher là et, s'il y parvenait, il se serait probablement noyé avant d'avoir eu le temps de shooter un orteil de qui que ce soit de mon clan.

Planqué dans la végétation, le moulin était assez isolé et difficile d'accès pour quiconque n'y était pas invité. Jusqu'à ce que soit construite à côté l'autoroute A4, et en particulier l'échangeur vers Créteil.

Las, j'ai alors lâché cette maison où j'avais été vraiment heureux avec Ursula, les enfants et Charlot, avec lequel nous pédalions dans les environs. C'est Johnny Hallyday qui a pris ma suite...

En ce temps-là, ailleurs qu'à l'Île-aux-Corbeaux, nous n'étions jamais protégés de l'assaut d'un photographe mandaté par un canard *people*. Où que nous allions, nous en avions toujours un ou plusieurs aux basques. Ça me mettait dans des colères froides qui n'excluaient pas toujours les poings. J'avais gardé de la boxe et de mes nuits parisiennes une certaine aisance avec la baston spontanée.

Je ne tapais jamais gratuitement. Ne pas m'avoir demandé l'autorisation pour me choper avec un appareil photo dans mon intimité constituait un motif nécessaire et suffisant pour que je m'énerve.

Nous avions traversé la Manche, avec Ursula, mais ils nous suivaient encore. Et à Londres, où nous séjournions, j'en ai trouvé un qui nous guettait sans gêne dans le hall de l'hôtel. Je lui ai mis une bonne tarte, double, bien sonore, qui l'a envoyé valdinguer jusqu'à la porte à tourniquet.

Une heure plus tard, on m'a réveillé pour me conduire à la réception, où m'attendait la police britannique. L'indiscret que je m'étais autorisé à *puncher* s'en était plaint aux autorités, qui me demandaient maintenant des comptes. Sans peine, avec un professionnalisme remarquable, j'ai fait l'idiot français qui ne comprend rien. J'ai juré que je dormais à poings fermés à l'heure où j'étais censé avoir agressé le type. Le directeur de l'hôtel confirmait ma version, témoignant qu'il ne m'avait pas vu dans les parages à l'heure du crime. J'aurais pu avoir à régler une amende si je n'avais pas gagné le litige, grâce aux déclarations de mon complice.

L'incident n'avait pas gâché pour autant mon intermède londonien, qui m'avait valu de rencontrer Rudolf Noureev, dont le don de boisson, *a priori* incompatible avec la pratique à haut niveau d'un art aussi sportif que la danse, me fascinait. Je le regardais, effaré, s'imbiber de volumes gargantuesques d'alcool avant d'aller danser avec la grâce d'une libellule.

Les épisodes désagréables avec une certaine presse s'étaient multipliés au point de me pousser à l'exil. Et l'envie de chômer après avoir tant travaillé, de suivre Ursula sur ses tournages à elle, de me prélasser un peu après avoir usiné, n'était plus répressible.

En France, ils m'avaient trop vu et je les avais trop vus. J'ai annoncé par lettre ma démission de la présidence du Syndicat des acteurs, que je prenais très au sérieux.

En novembre 1963, après le succès de *L'Homme de Rio*, j'avais été élu à l'unanimité. Je m'étais toujours senti concerné par les combats militants, car il était question de défendre nos droits à une époque où les réalisateurs empochaient toute la gloire, et les producteurs tout le pognon.

Nous figurions en petit sur les affiches, comme si nous n'avions pas été un argument essentiel à la fréquentation des salles de cinéma, et nous nous retrouvions souvent en position de faiblesse dans les négociations. Ma considération pour le métier d'acteur était bien trop grande pour permettre sans broncher qu'on nous dévalue, nous spolie, nous maltraite. J'étais fort honoré d'occuper un rôle que Gérard Philipe avait endossé, et bien décidé à en faire bon usage, c'est-à-dire noble et utile. En plus, j'avais mon copain Michel Piccoli comme second.

J'allais user de ma notoriété et des contacts privilégiés qu'elle m'offrait avec les « grands de ce monde ». C'est d'ailleurs ce que j'ai déclaré quand j'ai été nommé : « J'ai accepté d'être président du SFA pour défendre la profession. Si c'est un inconnu qui est président, il manque de poids. Si moi je demande une audience au Premier ministre, il me reçoit. Le métier d'acteur a besoin d'être défendu. »

Le Syndicat avait un certain poids, du fait de son nombre d'adhérents – 2 500 – et il devait aider à structurer dans la justice et l'égalité un milieu qui évoluait rapidement. Nous comptions profiter de cet âge d'or que traversait le cinéma français pour gagner en importance et en autonomie. Les acteurs commençaient d'ailleurs à se libérer des producteurs en finançant eux-mêmes leurs films. Mais, à la télévision, les problèmes subsistaient : les salaires étaient ridicules et la précarité, qui se résume à travailler pendant trois mois quand on doit en vivre douze, était le lot commun. Les sujets de lutte et les atermoiements de nos interlocuteurs n'étaient pas rares.

Il n'était donc pas question de combattre à distance, de loin, sans être immergé dans les préoccupations communes. J'avais bataillé pendant trois ans, je pouvais légitimement passer le relais. Et fuir, sans scrupules. Mieux valait aller vivre où personne ne me connaissait, où mon anonymat serait parfaitement sauvegardé, où peu d'acteurs français, même quand ils l'avaient ardemment souhaité, réussissaient à se faire un nom : les États-Unis. Ce qui vexait ou déprimait les autres, en l'occurrence, me réjouissait au plus haut point. Sortir, faire l'andouille, sans personne en tapinois pour prendre une mauvaise photo de vous, suant et ivre, affectueux, ou en train de danser comme un canard à trois heures du matin sur une piste de danse.

C'est à Los Angeles, à cause du climat, que j'avais suivi ma dulcinée et retrouvé ma liberté. Là, je fréquentais des types sympas comme Warren Beatty, toujours prêt à rechercher l'ivresse, Kirk Douglas, jovial et bon public, Frank Sinatra, et Dean Martin, avec qui partager ma passion de la boxe. Il habitait précisément avec un boxeur qui lui servait d'homme à tout faire, et assistait à des matchs dès qu'il le pouvait. Nous faisions des virées à Vegas pour les casinos et à Palm Springs pour les bars. Je suis allé le voir chanter et je me marrais de le voir jouer l'artiste bourré alors qu'il était sobre.

Un autre copain durant mon séjour américain était Sammy Davis Junior, tempérament vif et aimable qui avait cru bon, un soir où j'assistais à son spectacle, de commencer en disant : « J'ai le trac, mesdames et messieurs, car ce soir je joue devant un grand acteur : Jean-Paul Belmondo. » C'était une blague, évidemment, car personne ne me connaissait outre-Atlantique.

Au bout d'un moment, la presse américaine a révélé que j'habitais chez eux. *Life* a fait sa couverture avec ma tête et un commentaire flatteur. Alors des nababs des studios hollywoodiens, comme Sam Spiegel, producteur de *Lawrence d'Arabie* ou du *Pont de la rivière Kwaï*, ont pris contact avec moi. Ce dernier était prêt à dépenser beaucoup pour lancer ma carrière là-bas. Mais moi, ça ne me disait rien. Aucun argument n'aurait pu me convaincre. Je les aimais bien comme ça, les « Peaux-Rouges », comme les appelait Gabin, mais je n'étais pas prêt à les épouser.

D'ailleurs, même lui, même le maître, n'avait pas réussi là-bas. Jouer en anglais quand on est français, il y a un truc qui ne va pas, ou alors on reste l'acteur français. Moi, déjà, je refusais de me doubler dans la langue de Shakespeare ; alors, je n'allais pas me mettre à la parler en permanence. Pour cela, en plus, il aurait fallu que je l'apprenne et me soumette à une contrainte que je hais : l'apprentissage scolaire.

En réalité, mieux vaut être complètement italien pour s'en sortir à Hollywood quand on est un émigré européen. Sinon, ça reste hasardeux, voire impossible. J'étais trop fatigué en tant qu'homme et établi en tant qu'acteur pour risquer quoi que ce soit à ce moment-là.

J'étais à l'aise en France, j'étais bien français, culturellement ; je n'étais pas prêt à abandonner mon pays alors que c'était lui qui m'avait donné sa confiance et son estime, que c'était là que j'étais aimé. Qui dépend davantage qu'un acteur de l'amour des autres ?

N'était-ce pas en France que j'étais reçu par le président de la République, comme cela s'est produit à la fin de 1967 ? À une petite réception à l'Élysée, en effet, j'ai été convié avec d'autres artistes – dont Romain Gary, que j'étais heureux de croiser à nouveau.

Le général de Gaulle était le maître des lieux et, au moment où l'on m'a présenté à lui, il s'est exclamé : « J'admire beaucoup votre père, et vous, ça commence. »

17

En plus sérieux

« Je te prie de m'excuser de t'avoir proposé ce film »,
me dit-il d'une voix triste. Pour un peu, je le prendrais
dans mes bras, tellement la délicatesse de cet homme, qui
se voit dans ses films, m'étonne et me touche.

François Truffaut, le courtois, l'humaniste, le réalisateur
de la Nouvelle Vague avec lequel nous attendions depuis
dix ans de collaborer. Et c'est avec cette adaptation d'un
bouquin de William Irish, *La Sirène du Mississipi*, que
nous avons enfin pu nous trouver. Et nous entendre.

Il me réunit avec Catherine Deneuve, convaincu qu'il
fera de nous un couple mythique, et donne à mon personnage une profondeur et un sentimentalisme qui me
conviennent.

C'est la première fois qu'à Truffaut sont donnés de vrais
moyens de production, et il prend le risque d'aller tourner à la Réunion, alors que les déplacements à l'étranger

sont encore rares à l'époque, tant ils sont compliqués à organiser et à financer.

Pour une fois, j'ai à jouer un rôle de *looser* : un mec qui tient un flingue, mais rechigne à s'en servir ; qui aime les femmes, mais se fait avoir.

Je suis parfaitement à l'aise dans cette peau subtile durant le tournage, qui se déroule différemment d'avec Godard, en plus écrit et plus méthodique, mais à merveille. Il y a entre Truffaut et moi un respect mutuel qui insuffle au travail sur le plateau une vraie justesse, une honnêteté bénéfique.

Je l'ai rencontré pour la première fois quelques années auparavant dans des circonstances amusantes : un voyage organisé par Unifrance en Amérique du Sud, dans lequel était aussi embarqué mon copain Philippe de Broca. On nous a invités à parler de cinéma à des salles d'intellectuels et de professionnels.

De nous tous, Truffaut était le plus volubile, le plus savant, le plus talentueux dans l'art de dialoguer avec un public. Je l'admirais, comme un enfant sidéré par un magicien. Il me secondait, comme Philippe, dans une enquête que je menais en Argentine pour retrouver Robert Le Vigan.

Le second rôle de *Quai des Brumes* était un immense acteur, qui s'était comporté de manière immonde pendant l'Occupation, répandant – comme Céline en avait écrit – des propos antisémites à la radio. Il avait été jugé à la Libération et condamné, mais il avait fui, à la suite de tous les chefs nazis, en Argentine, où on lui prêtait des adresses et des métiers. Il devait vivre sacrément caché parce que, malgré mes efforts, je n'ai pas réussi à le voir. Il craignait probablement que nous ne soyons missionnés sous couverture par les services secrets français pour lui mettre la main dessus et le ramener sur le territoire afin qu'il y purge sa peine.

Truffaut savait que nous pourrions faire un beau film ensemble, vu la simplicité de nos rapports. Et je n'ai pas hésité une seconde à me lancer dans l'aventure de la *Sirène*. Je serai choqué, en revanche, que son accueil soit si mauvais, car ce film ne méritait pas tant de critiques négatives.

Une fois encore, il m'est reproché de m'être décalé de ce que l'on attend de moi. Depuis *L'Homme de Rio*, je suis censé tenir mon rôle de super-héros, de type que rien ne peut ébranler, qui tourne tout en dérision, de fou innocent et charmant qui s'en sort toujours, se rebelle quand il faut.

Dans *La Sirène du Mississipi*, le pauvre Louis Mahé que j'interprétais était l'as de la débâcle, le prince de l'échec, le prix Nobel du revers, sans cesse défait, et un peu plus affaibli, par les événements. On ne me le pardonnait pas. On m'avait toléré en curé, on ne me supportait pas en Jésus qui tend l'autre joue pour la baffe et les deux mains pour les clous.

259

On ne m'aimait pas sérieux. Il n'était pas question que j'aie l'air grave. On m'exigeait joyeux et bondissant, heureux et vivant. Pourtant, quand je survole ma filmographie – et que le vertige me prend –, je suis obligé de constater que je suis beaucoup mort.

En fait, je préfère mourir à la fin : ça fait toujours un meilleur final, et puis ça évite les *happy ends*, dont la niaiserie n'est jamais loin. Un héros qui consent au sacrifice de sa vie, je trouve ça classe.

Mourir, éventuellement, on me le permettait ; mais me soumettre aux coups du sort sans résister, sans l'emporter, tristement, on m'en faisait le procès et on m'en punissait.

Quand la *Sirène* est sortie sur les écrans en juin 1969, j'ai reçu une salve de commentaires si acerbes qu'ils ont fait regretter à ce pauvre François de m'avoir embarqué dans l'histoire. Évidemment, je ne lui en voulais pas : j'assumais mes choix, quelle qu'en soit l'issue. Il n'était pas plus responsable que moi. J'étais piégé dans l'attente des spectateurs. L'époque sentait la liberté, la gaieté, la révolte. Je devais continuer de l'incarner en sautant sans peur d'un immeuble à un autre, en me battant contre plus fort que moi, en sortant toujours victorieux, en dominant finalement le système.

Mais je me voulais libre, libre de changer de rôle, de m'associer aux réalisateurs qui m'intéressaient, de m'engager dans des projets à contenu parfois plus politique, au propos parfois plus consistant que dans les films d'action auxquels j'étais abonné.

C'est comme ça que je me suis piqué d'intérêt pour Stavisky, un bandit incroyablement romantique, brillant, non
violent et faussement suicidé d'une balle dans la tempe.
Et que j'ai décidé, coûte que coûte, de monter un film à
partir de ce personnage que je rêvais de camper.

Moi aussi, j'avais franchi un cap et créé ma maison de
production. Je l'avais baptisée du nom de ma grand-mère
paternelle, la Sicilienne, Cerito.

Désormais, je ne serais plus tributaire de la pertinence
ou de la générosité des autres. Je n'aurais plus à subir la
frustration des projets échoués par manque de finance-
ment, ou l'humiliation des restrictions imposées par les
producteurs parfois avaricieux. Je serais maître à bord, et
j'en savais assez pour bien naviguer.

C'est grâce à Gérard Lebovici – qui m'incitait à prendre
le contrôle total de mon travail et me donnait des idées
d'histoires à mettre à l'écran – que j'ai eu cette audace.
Depuis ce jour où il s'était pointé pour me proposer d'être
mon agent, car je n'en avais plus, il a été un allié précieux
et très brillant. Il était très cultivé, et très malin aussi.

Il a fondé sa propre agence, Artmedia, au début des
années 1960, et en a fait la plus importante en Europe.
Il avait une manière de travailler à l'américaine, sachant
tout faire et prenant des initiatives.

C'est lui qui m'avait mis le sujet Stavisky entre les mains
et suggéré *Docteur Popaul*. C'est encore lui qui fréquentait
Jorge Semprun et lui a demandé d'écrire un bon scénario.

Et c'est l'auteur d'origine espagnole qui a fait le lien par hasard, parce qu'il l'avait croisé, avec Alain Resnais.

Même si ce dernier n'avait pas tourné depuis trois ans, il était en vogue depuis *Hiroshima mon amour*. Son lien avec Marguerite Duras et la hauteur de ses films l'avaient élu « réalisateur intelligent et prometteur ».

Conscient de la distance qui nous séparait, de la différence des mondes dans lesquels nous évoluions et de nos imaginaires, j'ai d'abord fait preuve avec lui d'une grande timidité. Je craignais qu'il ne se sente trop étranger à moi. Mais, finalement, notre contraste fonctionnait bien ; il était limpide.

Semprun, passionné et érudit, avait osé – avec notre consentement insérer – un autre récit portant sur Trotski, et avait truffé le texte de mises en perspective historique. Peu à peu, le film avait pris de l'ampleur et Stavisky, sublimé par sa légende et les conséquences de son existence, s'était épaissi.

J'avais, en tant que producteur, mon mot à dire sur le recrutement des acteurs. Mais je préférais que Resnais ne sache pas que je produisais, pour qu'il se sente libre sur le tournage. Or, comme nous étions d'accord, je n'avais rien besoin d'avouer. Il tenait à Charles Boyer, avec lequel je me réjouissais de travailler. Je voulais mes potes Beaune et Vernier, Rich, Périer et Duperey ; il les avait repérés depuis longtemps. Et je retrouvais mon ancien professeur du Conservatoire, René Girard. Tout était au poil. L'équipe était parfaite.

On pourrait supposer qu'un tel rôle, pour lequel il fallait me retirer mon hâle et me priver de soleil, avec un tel cinéaste, m'aurait assagi. Mais non. Au contraire, il me fallait compenser le sérieux de Stavisky avec un peu de légèreté en dehors du plateau.

À Biarritz, où mon frère m'avait rejoint, j'ai veillé à laisser des souvenirs dans l'hôtel qui nous logeait, comme la tradition l'exigeait. Un soir, alors que nous rentrions dans un état d'ivresse bénie qui nous donnait des ailes, nous avons fomenté une blague.

Nous avons – je ne sais encore comment, vu la lourdeur de la chose et la maladresse de l'ivrogne – transporté une énorme armoire pourvue d'un miroir devant la chambre de François Périer, qui dormait là avec sa femme. Nous l'avons quasiment collée à la porte, puis avons grimpé dessus pour frapper sans être vus. Notre copain, au bout de quelques secondes, est venu ouvrir, mais n'a vu que lui-même – son reflet dans la glace. Il est retourné se coucher et, quand sa femme l'a interrogé sur cette mystérieuse visite nocturne, il a répondu : « Ne t'inquiète pas, ce n'était que moi. »

Nous pouvions emmener *Stavisky* à Cannes sans honte au printemps 1974. J'étais même assez fier de revenir monter les marches avec ce film très longtemps après *Moderato cantabile*. Je n'appréciais toujours pas le cirque inhérent à ce festival, le ballet des photographes et la ronde des badauds. En fait, je ne m'habituais pas aux paparazzis et aux questions pernicieuses des journalistes.

En outre, je faisais alors ma première sortie publique au bras de ma nouvelle fiancée. Séparé en bons termes d'Ursula Andress, que j'avais aimée pendant sept ans, je l'avais rencontrée en participant au tournage épique des *Mariés de l'an II*. Elle aussi était splendide, et d'être son amoureux excitait la jalousie.

Laura Antonelli était la beauté et la douceur mêmes : un regard ou un sourire, et la guerre reculait, le ciel s'ouvrait, le soleil apparaissait.

Je crois que c'est aussi cela que l'on m'a fait payer à Cannes. D'être l'amoureux de Laura Antonelli. En plus d'avoir prétendu produire et jouer dans un film intello de Resnais. J'osais encore une fois cumuler le cinéma populaire et l'élitiste, me trouver à l'aise partout, sans restriction. J'exagérais.

On me voyait chez Godard, Truffaut, Malle, Melville, Resnais, aussi bien que chez Broca, Verneuil, Oury, bien-tôt Lautner. J'agaçais. Je voulais le beurre et l'argent du beurre, les entrées par millions et les critiques des *Cahiers du cinéma*. Alors, non, il n'était pas question de recon-naître sur le moment que *Stavisky* était un bon film. Après, bien sûr, ça a changé.

Ce soir-là, nous avons monté les marches, Laura et moi, sous les flashs des photographes et les hourras de la foule, mais nous les avons descendues sous les sifflets qui avaient commencé pendant la projection. Comme si l'on m'avait tenu responsable de ce que l'on considérait comme un échec, on m'a largement craché au visage.

Après cette séquence désagréable, devenue un mauvais souvenir, je suis allé dîner avec l'équipe du film. Et personne n'est venu nous voir. Nous étions des pestiférés. J'en étais désolé. Je regrettais d'être venu présenter *Stavisky* à Cannes. Et la bêtise, aussi.

Par la suite, j'ai estimé qu'il n'était pas nécessaire d'organiser des projections en avant-première réservées aux journalistes. Dorénavant, leur avis m'importerait peu et, s'ils souhaitaient en émettre un, ils n'avaient qu'à attendre comme tout le monde le jour de la sortie, dans la queue du cinéma.

Apparemment, ils ont assez mal encaissé l'indifférence que je leur ai en effet manifestée à partir de ce regrettable épisode *Stavisky*. Et ils ont continué de me faire grief de mon succès.

Lorsque des années plus tard, en octobre 1982, est sorti le film que j'avais produit, dans lequel je tenais le rôle principal et que Gérard Oury avait réalisé, *L'As des as*, il a cartonné au box-office dès la première semaine. Ce qui a semblé dégoûtant à ces cinéphiles plumitifs frustrés qui lui ont fait un ridicule procès, voire une cabale, allant jusqu'à signer un manifeste. Ils se figuraient que nous avions détourné d'hypothétiques spectateurs d'un autre long métrage, celui-ci de Jacques Demy, dont ils faisaient des gorges chaudes, *Une chambre en ville*.

Le bide retentissant de l'un était la faute du triomphe de l'autre. Un raisonnement dont je peinais à discerner le bon sens, mais dont je distinguais clairement les défauts. Comme les types qui avaient lancé cette thèse pour le moins crétine avaient fait des émules un peu partout dans la presse spécialisée, j'ai fini par lui trouver un goût saumâtre.

J'ai levé mon stylo encore une fois, à défaut du poing, pour répondre à cette cohorte d'ahuris, et anéantir une logique purement rhétorique dont ils usaient pour me nuire :

« En parcourant le manifeste dénonçant comme suspect mon film *L'As des as*, coupable d'avoir volé les "spectateurs potentiels" d'*Une chambre en ville*, en examinant la liste de ses signataires, je me pris soudain à baisser la tête… Un mot de Jean Cocteau me revenait à l'esprit : "En France, l'égalité consiste à trancher les têtes qui dépassent." Ainsi, *L'As des as*, que j'ai coproduit et interprété en y laissant intégralement mon cachet, parce que j'avais le désir de stigmatiser sur le ton léger de la comédie l'antisémitisme et l'intolérance, n'est pas toléré par ceux qui font profession de tolérance, et Gérard Oury doit rougir de honte d'avoir "préconçu son film pour le succès" ! Jacques Demy a-t-il préconçu le sien pour l'échec ?

Lorsque, en 1974, j'ai produit et "sorti" *Stavisky* d'Alain Resnais et que le film n'a fait que 375 000 entrées, je n'ai pas pleurniché en accusant James Bond de m'avoir volé mes spectateurs. Ce remue-ménage est grotesque. Aussi ridicule que la conclusion d'un critique, signataire de ce manifeste, qui termine son article en affirmant avoir entendu un enfant expliquer, en sortant de *L'As des as*, qu'il s'était trompé de salle et qu'il croyait être allé voir

Alien. Plus de trois millions de spectateurs français en trois semaines – sans compter les pays étrangers où le film reçoit un accueil triomphal – se seraient donc, eux aussi, trompés de salle, et sont ressortis ahuris, ayant applaudi *L'As des as* croyant qu'il s'agissait d'un autre film et me prenant pour un autre acteur ! Peut-être serait-il plus honnête d'imaginer avec un autre critique les raisons de l'attrait qu'exerce *L'As des as*. En ce temps de crise, le public a entrepris une formidable transhumance vers les pâturages du divertissement et de l'évasion. Son ampleur actuelle en fait un phénomène de société ! »

Gérard Oury, lui aussi probablement, les dérangeait avec la liste de réussites phénoménales dont il pouvait se targuer. On l'attaquait pour son talent à écrire des films qui fonctionnent, pour le travail exceptionnel de rigueur et d'intelligence comique qu'il investissait dans ses films.

Quand j'ai travaillé avec lui la première fois sur *Le Cerveau*, en 1968, il avait déjà à son actif deux grands classiques du cinéma français, *La Grande Vadrouille* et *Le Corniaud*. J'étais émerveillé par sa capacité à ficeler finement des gags, à insuffler un rythme diabolique à un film et à le tenir sur la longueur, à imaginer des personnages géniaux et à savoir à qui les donner.

J'étais si enthousiaste à l'idée de tourner avec lui que j'ai accepté que ce soit en été. Normalement, selon ma règle, la période estivale était sacrée, consacrée à mes trois enfants qui vivaient le reste de l'année avec leur maman à Londres.

Oury méritait une exception, alors j'ai négocié que mes enfants m'accompagnent sur mon lieu de travail. Pour Paul, c'était la première fois. Et c'est encore sur un film de Gérard, *L'As des as*, qu'il sera embauché pour être assistant.

Le Cerveau, d'ailleurs, comme il en avait l'habitude, avait été écrit en famille : sa fille Danièle Thompson avait démarré sa brillante carrière de scénariste. Les suites du fabuleux mois de mai 1968, pendant lequel j'étais resté coincé en vacances au Sénégal, obligèrent néanmoins Oury à tourner en décalé les scènes de train, mes préférées parce qu'acrobatiques, durant l'hiver qui suivait, sans mes enfants cette fois.

Sur ce film, j'ai le plaisir de retrouver Bourvil, que j'avais adoré sur le tournage d'*Un drôle de dimanche*. Il n'avait rien perdu de sa verve touchante, ni de son énergie, malgré la maladie qui avait commencé de le ronger. Jamais il n'en a fait état. Je n'étais pas au courant.

À deux reprises, son corps s'est si cruellement rappelé à lui qu'il était contraint, perclus de douleurs insoutenables, de se plaindre un petit peu. Il disait juste : « J'ai mal aux reins. »

Après *Le Cerveau*, il a encore eu la force d'interpréter un commissaire dans un grand Melville, avec mon camarade Delon, *Le Cercle rouge*. Un dernier film avant sa disparition, qui m'a sincèrement peiné.

En attendant, il était là, et jouait même au foot avec nous. Parce que, vu l'ambiance pendant le tournage du

Cerveau, proche de celle d'une colonie de vacances, amicale et familiale, j'avais repris mes bonnes habitudes de GO sportif. Et organiser des matchs de foot reste plus facile que d'organiser des courses de vélo, qui demandent trop de matériel qu'on ne peut pas toujours voler quelque part. Surtout quand les enfants sont présents.

Je mûrissais ; je me donnais presque l'impression de m'assagir. Si je continuais à choisir de mettre à profit mes talents comiques, j'aspirais à des rôles plus graves, plus complexes, nouveaux.

La peur de l'ennui et de la répétition stimule la curiosité et nourrit le désir d'aventures. C'est pour ce motif, et poussé par Gérard Lebovici, que j'ai accepté la proposition d'un jeune journaliste, Philippe Labro, qui avait coécrit avec Jacques Lanzmann un remarquable scénario, brillant et précis, autour d'un personnage étonnant d'« aventurier en costume trois pièces », inspiré de loin par Kennedy et taillé pour des interprètes tels que Steve McQueen ou Robert Redford – qui jouera d'ailleurs plus tard dans un film de la même veine, *Les Trois Jours du Condor*.

Cet Héritier ne correspondait à aucun des rôles que j'avais pu investir jusqu'alors. Et j'ai beaucoup hésité sur ma crédibilité dans la peau de ce magnat énigmatique. Je n'avais pas l'habitude des hommes d'affaires, je connaissais mieux les attitudes de gangster ou de cow-boy ; je mettais jusqu'à présent mes pieds sur les tables et portais des flingues plutôt que des attaché-cases. Je n'avais jamais disposé d'un héliport personnel !

En revanche, je comprenais sensiblement la psychologie de Bart Cordell, ses sentiments et ses réactions, son besoin de venger son père, juif, raflé en Italie et mort en déportation. La rage froide et l'efficacité avec laquelle il règle son compte au coupable et met à l'abri sa famille, c'est-à-dire son fils, je ne les ai pas cherchées bien loin en moi.

Avec Labro, dont l'intelligence était appréciable, ça se passait à merveille. Il était, selon moi, un grand directeur d'acteurs, car il ne disait rien. Il avait confiance en ceux qu'il avait soigneusement choisis. Et mes partenaires, dont Charles Denner, l'Homme qui aimait les femmes, connu sur *Le Voleur* de Louis Malle, avaient en commun la délicatesse, la finesse et le sens de l'humour. Charles, qui interprétait mon fidèle secrétaire avec lequel j'entretiens une relation amicale symbolisée par une mystérieuse pierre précieuse sur laquelle nous dormons à tour de rôle, était plus ténébreux que le reste de la bande. Je m'en étais aperçu pendant le tournage des *Mariés de l'an II*, où je l'avais retrouvé.

Quand nous avions passé la frontière suisse, il avait provoqué les douaniers sur le thème, tabou, de la responsabilité de leur pays durant la guerre dans la spoliation des Juifs. Je l'avais observé discutant vivement avec les gardes-frontières, et j'avais lu dans son regard tous les malheurs du monde.

C'était un homme que la sensibilité à fleur de peau et les horreurs de l'Histoire dévoraient. Malgré tout, il était toujours prêt à rire de mes sottises, et son visage alors se transformait.

À Rome, pendant le tournage de *L'Héritier*, il me faut confesser que je n'ai pas épargné Labro sous prétexte de sa jeunesse ou de sa bienveillance candide.

Avec mon copain maquilleur Charly Koubesserian, dont j'avais réclamé la compagnie à la production, nous avons eu l'idée d'organiser une conférence de presse devant la chambre du réalisateur, mais sans journalistes. Grâce à seulement toutes les chaises de l'hôtel que nous avions déplacées, et quelques tables aussi. Quand, au matin, il a voulu s'extraire de sa chambre, il n'a pas pu. Dix bonnes minutes ont été nécessaires à sa délivrance.

Comme Charly se croyait à l'abri de mes canulars, j'ai décidé de lui réserver le traitement que j'infligeais notamment à Philippe de Broca. J'ai entièrement vidé sa chambre, en jetant le mobilier par la fenêtre. Même le lit. Le patron de l'hôtel est monté l'engueuler, convaincu qu'il était fou et avait fait ça lui-même. Il se défendait avec un argument qu'il supposait imparable : « Mais, monsieur, pourquoi aurais-je jeté mon propre lit ? Le lit d'un autre, à la rigueur, mais le mien ? »

Le même monsieur s'est presque évanoui quelques jours plus tard quand il a découvert que le majestueux sapin de Noël qui trônait fièrement dans le hall de son établissement était recouvert de papier toilette rose.

Charly et moi avions eu l'idée d'agrémenter avec un peu d'originalité et de fluidité une décoration un peu trop classique et rigide, faite de boules et d'étoiles.

L'Héritier était une réussite. Le maître de Labro, Jean-Pierre Melville, avait été le premier à le voir à une projection organisée spécialement pour lui, et il en était sorti fou de bonheur pour ce disciple qu'il avait aidé et pour moi qu'il trouvait très bon. Et le public avait le même goût que Melville. Il s'est pressé dans les salles de cinéma pour le voir.

Pourtant, je mourais encore une fois dans ce film – ce qui avait déplu à la production, qui craignait de peiner les spectateurs et de freiner les entrées. À Philippe Labro, on a longtemps reproché la fin tragique de son personnage. Il n'est pas impossible, en effet, qu'elle ait atténué le succès, déjà très honorable, de *L'Héritier*.

Me plonger dans des habits complexes et inédits ne m'interdisait pas de faire l'idiot par ailleurs. Au cinéma et dans la vie. C'est avec Chabrol aux manettes que j'ai produit mon premier film, *Docteur Popaul*, une farce cynique et improbable, tirée d'un bouquin d'Hubert Monteilhet, *Meurtres à loisir*, que m'avait fait connaître Lebovici. Je lançais ma société de production, Cerito, avec mon frère que j'avais débauché des pétroles sahariens pour le mettre à la direction. Il était parfaitement compétent pour ce rôle, le seul *hic* étant son impossibilité de monter dans un avion, après avoir réchappé à deux accidents en l'air. Pour nous rejoindre à temps sur les tournages, il devait parfois partir trois semaines plus tôt, en voiture ou par bateau.

Pour démarrer Cerito, il me fallait une bonne comédie. Celle-ci me semblait adéquate, surtout avec des actrices telles que Mia Farrow et Laura Antonelli, que je retrouvais avec une joie intense après avoir été touché pendant le tournage des *Mariés de l'an II*. C'est précisément le tournage de *Doctor Popaul* qui nous a intimement rapprochés, et qui a poussé des journalistes peu scrupuleux à révéler notre amour naissant dans leurs colonnes, alors que Laura était mariée, et moi encore officiellement en couple avec Ursula.

Encore une fois, leurs méthodes de chacals me dégoûtaient et m'ont incité à porter plainte. En attendant, nous coulions des jours heureux de tournage, travaillant le jour, buvant et riant la nuit. Mia Farrow, qu'il avait fallu enlaidir pour son rôle, en lui ajoutant des lunettes et de fausses dents, paraissait très souvent confondre les deux, ou ne vivre que la nuit.

Dans mon nouveau rôle de producteur, j'avoue m'être rongé les sangs. C'était une première pour moi, je n'étais pas sûr du coup. Je craignais d'amorcer ma carrière dans ce fauteuil par un échec cuisant.

Les critiques ont réagi, comme prévu, très négativement, mais n'ont pas influé sur le public, qui s'est déplacé. J'étais sauvé.

Entre deux occupations ou rôles sérieux, il fallait bien que je rattrape ma légèreté. Alors, après *L'Héritier*, j'ai

273

foncé dans un projet proposé par mes deux acolytes de toujours, Mnouchkine et Broca. Ils avaient récupéré un scénario écrit par Francis Veber (qui a finalement exigé d'être ôté de l'affiche) dont le héros leur semblait taillé sur mesure pour moi.

Il s'agissait d'un écrivain charmant et looser, un peu couillon, François Merlin, qui se transforme en super-héros, double outré de James Bond, dans les fictions qu'il est contraint d'imaginer à la chaîne pour survivre dans des conditions précaires. Remanié par Philippe de Broca et Jean-Paul Rappeneau, ce personnage est devenu *Le Magnifique*. Et j'ai décidé de le coproduire avec Ariane Films, la boîte de Mnouchkine, et validé l'idée de Philippe d'engager Jacqueline Bisset pour me donner la réplique. Nous avons mis dans le film tous les moyens nécessaires à l'éclat recherché pour la partie Bob Saint-Clar, nous déplaçant dans tout le Mexique, dans des conditions luxueuses. Même si, pour ma part, à l'issue d'un regrettable malentendu, j'ai dû en profiter avec une cheville plâtrée et une élongation du tendon. Je devais me jeter d'une voiture conduite par Jacqueline dans un tas de cartons. Le calcul de la vitesse nécessaire à une chute réussie, amortie par le nombre de cartons adéquat, avait été fait en kilomètres alors que nous utilisions une voiture américaine.

Quand Broca a conseillé à Jacqueline de rouler « à 50/60 », elle a cru qu'il parlait en miles et a lancé la voiture à 110 kilomètres à l'heure. Ce qui était beaucoup trop rapide et rendait le matelas de cartons inefficace à me réceptionner en douceur. Je me suis salement croûté.

Ce petit accident de travail, survenu à cause d'un quiproquo, n'a pas entravé ma propension pathologique à faire des blagues, avec la complicité de Philippe de Broca. Ainsi, nous avons trouvé une vieille ivrogne mexicaine dans la rue et l'avons ramenée dans la chambre de Charly, mon ami maquilleur. Puis nous avons imaginé un prétexte pour l'attirer dans sa chambre, puis l'y enfermer avec sa nouvelle copine. Malheureusement pour la propriétaire du lieu où nous logions, une dame fort charmante, l'anniversaire de mes quarante ans tombait précisément pendant notre séjour chez elle.

Le soir du 9 avril, nous avons passé toutes les limites dans l'hôtel. Cette fois, nous n'avons pas vidé la piscine, mais l'avons remplie. Avec tout ce qui nous tombait sous la main. D'abord les verres, puis les assiettes, puis les chaises, puis les tables, puis les gens – même ce pauvre Charly, qui ne savait pas nager... Un massacre en règle de l'équipement, un Fort Apache du mobilier. Le lendemain matin, encore totalement imbibé des boissons alcoolisées de la veille, j'ai utilisé les deux neurones encore valides dans mon cerveau pour aller présenter mes excuses à la patronne et lui demander la facture de la casse dont je comptais bien m'acquitter. Mais, alors que je l'interrogeais sur le montant qu'il me fallait régler, elle m'a répondu par une question :

« Est-ce que vous vous êtes bien amusé, monsieur Belmondo ?

– Oh oui, comme un fou !

– Alors vous ne me devez rien ! »

Plus de quarante ans après, que cette femme soit remerciée pour la noblesse de son geste.

Quelques années plus tard, un autre miséricordieux au grand cœur m'a gratifié comme elle d'un coûteux pardon. Encore plus coûteux. Car il s'agissait alors de deux lustres en verre de Murano que j'ai brisés en tout petits morceaux ! Je me trouvais alors à l'Élysée-Matignon, un club où je faisais souvent la fête dans les années 1980.

J'ai eu envie de faire l'imbécile pour amuser les potes ; alors, comme dans les films de cape et d'épée, j'ai attrapé un premier lustre, auquel je me suis suspendu et balancé jusqu'à ce que je le sente céder et me récupère sur le deuxième, lequel a lâché à son tour. En chutant, ils n'ont fort heureusement blessé personne, mais ont explosé en mille morceaux.

Quand j'ai tenté de réparer les dégâts que j'avais causés en sortant mon chéquier, Armel Issartel, le maître de la boîte, m'a expliqué que je ne lui devais rien puisque je m'étais bien marré. C'était son but, que je passe chez lui de bonnes soirées, et son plaisir.

La générosité ne s'oublie pas, parce qu'elle est inattendue. Serge Gainsbourg, que j'avais rencontré pendant les années bénies de Saint-Germain-des-Prés, était de ces hommes du beau geste, capables de faire des folies pour les autres, mais raisonnables pour eux. Comme il habitait rue de Verneuil, à deux pas de chez moi, nous étions souvent fourrés ensemble. Nous avions l'habitude de déjeuner en tête-à-tête dans un restaurant qui a disparu depuis, le Vert-Galant. Mais c'est chez Cartier qu'il m'a bouleversé. J'y cherchais un cadeau pour ma mère. Nous regardions les bijoux tout en discutant jusqu'à ce que j'en choisisse un. Alors Serge s'est éclipsé. Au moment où j'ai voulu régler, j'ai appris que c'était déjà fait.

Comme il s'agissait d'une somme importante et que nous avions bu quelques godets avant de faire des emplettes chez le bijoutier de la place Vendôme, j'ai craint que mon ami ne se soit un peu emballé. Je l'ai appelé le lendemain matin pour m'assurer que je n'avais pas profité malgré moi de son ébriété.

Il s'est fâché que j'aie pu l'imaginer. Il était le matin comme la veille, il ne variait pas en fonction de l'heure ou du jour, il était le même artiste génial et le même type adorable.

Un 24 décembre, je l'ai croisé par hasard rue de Verneuil. Il n'avait rien prévu pour Noël, alors je l'ai invité à la maison avec toute la famille. C'est l'un des meilleurs réveillons que nous ayons passés.

En rentrant du Mexique, dans l'avion, nous ne pouvions plus nous arrêter de fêter mon anniversaire, qui a finalement duré deux jours. Nous étions pourvus de bouteilles de tequila, fraîchement acquises, dont nous avons fait profiter le reste de l'avion. Mais, comme il n'y avait pas d'autres passagers que nous, grosse équipe de tournage, ce sont les hôtesses, le copilote et le pilote qui ont terminé le vol soûls comme des Polonais. Je ne sais comment nous avons pu atterrir sains et saufs à Paris. Mais nous l'avons fait. Ils l'ont fait.

Je ne regrettais pas d'avoir quarante ans.

18

Des deux côtés et au milieu

Lui et moi, c'est le jour et la nuit. Mais, depuis nos premiers pas, nous menons des carrières en parallèle au cinéma : nous sommes révélés la même année, 1960, lui avec *Plein soleil*, moi avec *À bout de souffle* ; nous avons tous deux fait un tour par l'Italie ; nous partageons des réalisateurs comme Jean-Pierre Melville ; nous jouons souvent des personnages de gangster et/ou d'homme solitaire ; nous avons tous deux acquis une notoriété suffisante pour être en position de choisir, d'être libres ; nous sommes tous deux producteurs.

Alain Delon et moi, malgré nos différences substantielles, avons beaucoup en commun. Jusqu'alors, nous n'avions pas eu d'occasion sérieuse d'un tête-à-tête à l'écran. En 1957, nous avions tous deux participé au *Sois belle et tais-toi* d'Allégret, mais nous n'étions alors que des seconds rôles, des jeunes premiers. Puis nous nous étions revus en 1965, dans *Paris brûle-t-il ?* Mais jamais de confrontation majeure.

En 1969, Alain y a remédié. Il rêvait pour nous d'un duo aussi mythique et vivant que celui formé par Paul Newman et Robert Redford dans *Butch Cassidy et le Kid*, filmé par Jacques Deray, avec lequel il en parlait. Il se documentait sur les gangsters en potassant des bouquins sur le Milieu comme celui d'Eugène Saccomano, *Bandits à Marseille*. C'est ainsi qu'il est tombé sur l'histoire de Carbone et Spirito, caïds majeurs des années 1930, figures de la French Connection qui avait mis les États-Unis sous perfusion d'héroïne.

Emballé, il m'en a touché un mot, convaincu qu'il venait de rencontrer nos personnages. D'abord réticent, j'ai changé d'avis à la lecture qu'il m'a faite du scénario, écrit par Jean-Claude Carrière, à partir d'un script de Jean Cau et Claude Sautet.

Les rôles avaient été conçus pour nous et l'histoire de ces deux loulous, ennemis puis amis, qui se hissent à la tête de la pègre marseillaise, me semblait accrocheuse et intéressante à raconter.

Nous avons rejoint Marseille pour le tournage où, très vite, les ennuis ont commencé. Des figurants ou des techniciens qui avaient été recrutés se désistaient du jour au lendemain, sans raison.

Manifestement, la famille Carbone avait conservé des restes de pouvoir dans la cité phocéenne et ne cautionnait pas l'idée que Delon mette le nez dans la légende de leur héros et fasse un film dans le titre duquel leur nom figurait. Car le film s'appelait d'abord « Carbone et Spirito ».

Pour pacifier la situation et faciliter le tournage, après une entrevue avec l'un des rejetons du clan, Alain l'a rebaptisé *Borsalino* et a modifié nos noms dans le film.

Avec moi aussi, il était capable de discuter et de s'arranger. Comme nous n'avions définitivement pas la même manière d'aborder le plateau, lui en se concentrant, moi en me déconcentrant, nous avons opté pour une séparation temporaire avant l'action. J'allais faire le con plus loin avec les copains, qui logeaient avec moi dans un hôtel marseillais, et lui pouvait rester sur place à réfléchir à son jeu en silence. Ça fonctionnait comme ça. Il savait que j'étais un trublion et que, en dehors du travail, il m'arrivait de faire n'importe quoi. Comme d'oser, avec Mario David, faire plonger un flic dans l'eau froide du port de Marseille, tout habillé, en képi et armé, en échange de cent balles !

Les limites, Delon les connaissait aussi, lui qui frayait depuis son enfance pauvre et vagabonde avec toutes sortes de gens plus ou moins recommandables. Il s'intéressait aux truands, aux vrais, aux méchants de la mafia. Au point de lui prêter des amitiés avec ces infréquentables.

Pendant le tournage de *Borsalino*, parfois, débarquaient des types à la mine patibulaire et aux chaussures de parrain. Ils venaient jeter un œil sur un film qui les concernait de près ou de loin. Les Guérini rôdaient aussi dans les parages. Pour les besoins du film, Alain était obligé de faire avec.

Des années après *Borsalino*, un jour, il m'a proposé de passer boire des coupes de champagne au casino de Nice, alors que je résidais, comme d'habitude, au Negresco. Parmi les invités, un mafieux s'est pris de passion pour moi. Il voulait absolument m'emmener dans sa voiture au stade Louis-II, à Monaco, voir un combat de boxe où tout le monde se rendait.

J'avais beau décliner son invitation, il insistait lourdement. Mais, comme je déteste que l'on me force à faire quoi que ce soit, j'ai continué de refuser. Il s'est découragé en faisant la grimace, il a tourné les talons et il est parti tout seul. Sauf qu'il n'est jamais arrivé, puisqu'on l'a tué en chemin, au volant de sa voiture, sur la Promenade des Anglais.

À la première de *Borsalino*, le 20 mars 1970, tout Paris se pressait pour voir ce que le plus grand nombre imaginait comme un duel esthétique d'acteurs. Si j'étais heureux de l'enthousiasme suscité par le film, j'étais en revanche fâché qu'Alain Delon n'ait pas respecté notre pacte d'égalité sur l'affiche. Nous étions convenus que son nom ne figurerait qu'une fois, en tant qu'acteur, à côté du mien et de celui de sa société, Adel Production. Mais il a commis la maladresse de faire apparaître son nom deux fois, comme producteur et comme acteur : « Alain Delon présente un film avec Alain Delon et Jean-Paul Belmondo. »

De là est née cette menue brouille que les médias ont monté en épingle. Nous n'avons pas été fâchés longtemps. Et nous étions ravis, vingt-sept ans plus tard, que Patrice Leconte nous réunisse autour de la jeunesse et de la fraîcheur de Vanessa Paradis dans *Une chance sur deux*. Je leur ai d'ailleurs offert ma dernière cascade sur l'échelle d'un hélicoptère, à soixante-deux ans.

Quelqu'un d'autre que moi était fâché à la sortie de *Borsalino* : Alain Prost.

En regardant le film, il s'est rendu compte que son bateau avait été loué à son insu par celui qui était chargé de le garder. C'était ainsi que ces traces de pas qu'il ne s'expliquait pas s'étaient déposées sur son bijou.

Après *Borsalino*, Jacques Deray a mis treize ans à revenir à moi avec un rôle de flic, cette fois, qui s'attaque aux barons de la drogue. Un film dont la succession de cascades à réaliser, réglées par Rémy Julienne, me plaisait beaucoup.

Dans *Le Marginal*, j'expérimente notamment une acrobatie hyper-dangereuse : sauter d'un hélicoptère rapide dans un hors-bord lancé à grande vitesse. La difficulté provenait du timing extrêmement serré de l'opération. Je devais me jeter au bon moment, pendant les deux secondes où c'était possible, lorsque les deux engins étaient alignés.

Malgré l'entraînement de deux semaines auquel je m'étais soumis avant le tournage, au bout de quelques prises, je fatiguais. Or Deray avait besoin de plusieurs angles, ce qui m'obligeait à réitérer l'exercice et à multiplier les risques. Pour cette séquence hélico/bateau, il a fallu recommencer cinq fois. À la dernière, j'ai raté mon coup et suis tombé à l'arrière du bateau, trop près du moteur. Avec sagesse, Jacques a alors considéré qu'il valait mieux s'arrêter là.

J'ai également eu la chance de m'adonner à mon goût pour la conduite rapide en m'éclatant dans une Ford Mustang lors d'une scène de course-poursuite. Le film est tourné à Marseille, puis à Paris, dans des coins louches du dix-huitième arrondissement où régnait une faune peu fréquentable de bookmakers, de maquereaux, de dealers et de putes. L'une de celles-ci est ma fiancée dans le film, et dans la vie aussi. Il s'agit de Carlos Sotto Mayor, une magnifique exilée brésilienne, comédienne et chanteuse, avec laquelle j'entretiens une relation pimentée et festive.

Elle partage avec mon ancien amour, Ursula Andress, un tempérament jaloux jusqu'à l'extravagance, que je mets sur le compte des mœurs d'Amérique du Sud où les femmes surveillent, à juste titre, leur homme avec l'attention d'un contrôleur aérien sur les munitions d'un avion militaire américain. La possessivité de Carlos a d'ailleurs inspiré un canular à Gérard Oury sur le tournage de *L'As des as*.

L'un des dompteurs d'ours qui gravitent autour de nous pour les besoins du film ne se promène jamais sans sa sœur, jeune Munichoise fort gironde qui espère devenir actrice. Elle insiste un peu auprès de Gérard, au cas où il aurait quelque chose pour elle, en lui confiant une photo où elle est à son avantage.

Le réalisateur se frotte les mains à l'idée de l'utiliser pour me faire une blague. Il écrit au dos un mot extrêmement romantique dans un français qui ressemble à de l'allemand et me le fait porter, la nuit venue, dans la chambre que je partage avec Carlos.

Je comprends immédiatement le stratagème et en identifie l'auteur, auquel je décide de donner une leçon de type arroseur-arrosé. Avec la complicité amusée de mon amoureuse, nous mettons au point le scénario. Nous commençons par simuler une violente dispute en nous criant dessus assez fort pour que Gérard nous entende.

Le lendemain matin, mon frère Alain lui explique que je suis très fâché, car Carlos, furieuse, a claqué la porte et pris un avion pour Paris. Je fais mine de faire la gueule. Gérard panique ; il veut rattraper le coup et tente de joindre ma fiancée offusquée, mais on lui fait dire qu'elle est carrément rentrée au Brésil. Gérard ne dort pas, cette nuit-là. Au réveil, je lui bats froid et le regarde méchamment. L'après-midi, il est en train de visionner des rushes quand il entend Carlos exploser de rire dans son dos. Gérard comprend qu'il s'est fait avoir.

Le Marginal ne montrait pas que des loustics pourris ou des filles de mauvaise vie ; on y découvrait aussi un attaché culturel de l'ambassade de Turquie mouillé jusqu'à l'os dans un trafic de drogue. Ce qui a profondément déplu au pays en question, de la part duquel nous avons reçu – Deray en tant que réalisateur et moi en tant que producteur – des missives agressives. Finalement, l'incident diplomatique s'est doucement éteint et nous avons pu nous consacrer à notre joie du triomphe en salle du *Marginal*.

Mon plus gros succès la première semaine, le record de *L'As des as* battu. Enchantés par les fruits de notre collaboration, Deray et moi avons eu envie de recommencer trois ans plus tard avec *Le Solitaire*, qui s'est planté au box-office aussi brillamment que *Le Marginal* y avait rayonné. Le flic justicier ne marchait plus. Peut-être fallait-il redevenir voyou.

C'est Henri Verneuil qui, le premier, m'a mis dans la peau d'un flic en 1974. Jusqu'à *Peur sur la ville*, j'incarnais facilement des marginaux du mauvais côté de la loi, des électrons libres sans insigne, sans permis de port d'arme, sans raison d'État pour les protéger. Comme c'était le cas dans *Le Casse*, avec Henri, trois ans plus tôt. J'y campais un mec singulièrement pourri qui monte un cambriolage. C'est lui qui se fait courser par les forces de l'ordre, ce qui l'amène à conduire une bagnole comme sur un circuit dans les rues d'Athènes, à se transférer d'un bus à un camion en route, à marcher sur des voitures...

Avec Henri, nous adorions *Bullitt* et en cherchions les effets magistraux. Il avait remarqué que la fameuse course-poursuite avec Steve McQueen et sa Ford Mustang Fastback verte se déroulait dans les rues d'un San Francisco désert, vidé de ses piétons, voitures, motos, etc. Alors il a proposé d'aller plus loin que Peter Yates en reprenant la même séquence folle, mais dans la circulation dense de la capitale grecque, sans évacuer personne.

Les audaces de Verneuil me plaisaient et m'entraînaient à cultiver les miennes. Comme de louer un avion privé avec mon camarade amateur de boxe et partenaire sur *Le Casse*, Omar Sharif, pour aller en Italie regarder sur la RAI la retransmission, oubliée en Grèce, d'un match essentiel qui se passait trop loin, aux États-Unis, pour que nous y assistions.

Le 8 mars 1971, à cinq heures du matin, nous étions devant la télé, fatigués mais excités, concentrés sur le combat du siècle : Mohamed Ali, le danseur agile, contre Joe Frazier, le technicien affûté – le contre-pouvoir contre le pouvoir, l'objecteur de conscience contre le militariste. Les quinze rounds sont féroces, dominés d'abord par le premier, ensuite par le second. Finalement, Frazier fait subir sa première défaite à Ali.

Quand Verneuil m'a soumis son personnage de bon flic chargé de dissiper la peur sur la ville, j'ai accepté pour me faire pardonner celui du *Casse* ! En plus, j'étais prêt au changement, comme toujours. Après avoir investi le costume de voleur, j'allais tester celui de gendarme. Sauf qu'il n'était pas question pour moi qu'il soit rigide, amidonné. Je me voyais plutôt adopter un style décontracté, à l'américaine, à l'image d'un Serpico ou d'un inspecteur Harry.

Comme ça, à ma manière, j'étais d'accord pour prendre ma carte de policier. J'étais assez mûr, à quarante et un ans, pour me sentir légitime du côté de l'ordre. D'autant que, en termes de panache, je ne perdais pas franchement au change. Le commissaire Letellier n'est pas un simple flic, mais une espèce de génie de la traque et un voltigeur émérite et téméraire.

Verneuil ne lésine pas sur les moyens : son poulet est capable de descendre suspendu à un hélicoptère et d'atterrir dans l'appartement d'une tour parisienne, en même temps qu'interviennent les types cagoulés – et authentiques – du GIGN, ou de se balader sur le toit d'un métro en marche. Toutes choses que je me suis régalé à faire, avec d'inévitables petits dérapages tels qu'une chute dans une verrière, ou un bras déchiré, parce qu'à l'entrée d'un tunnel j'ai eu le mauvais réflexe de vouloir me protéger avec les bras alors qu'une barre de fer se trouvait là.

J'avoue d'ailleurs avoir eu peur dans les séquences où le métro entrait dans les tunnels à toute blinde, m'obligeant à m'aplatir dans le noir à deux centimètres du plafond électrifié, mais aussi à Bir-Hakeim, au moment où je dois passer du toit d'un métro à celui d'un autre arrivant en sens inverse. Les séquences aériennes sont toujours plus impressionnantes.

L'intelligence des dispositifs de Verneuil, sa rigueur et son attention empêchaient les accidents. Le résultat était à la hauteur des folies consenties : l'ampleur de ses scènes.

Ce qui était appréciable avec lui, c'est que nous tournions le même film. Un bon film comme ce *Peur sur la ville* qui a séduit quatre millions de spectateurs !

Deux ans plus tard, Verneuil m'a confié le rôle de François Leclercq, spécialiste de blagues dans un superbe film, *Le Corps de mon ennemi*, avec mes vieux complices Bernard Blier, Michel Beaune et Charlot. L'histoire très sombre de cet homme sortant de prison, où une conspiration l'avait jeté alors qu'il avait pris le pouvoir, et revenant se venger dans sa ville, m'a enchanté.

Mon personnage est, avant sa chute, le patron de l'équipe de foot locale, ce qui nous a valu de tourner dans un stade et de naviguer un peu dans l'une de mes passions. Largement partagée avec mon pote Charles Gérard, entretenue par les Polymusclés, une équipe de foot amateur qui se produisait avec professionnalisme partout où on l'invitait, comme à Monaco, chaque année, pour le bal de la Croix-Rouge.

Après *Peur sur la ville*, le constat était qu'on m'aimait autant en flic qu'en voyou. Georges Lautner le résumait quatre ans plus tard dans *Flic ou voyou*. C'est Michel Audiard, avec qui j'aurai en tout collaboré sur quinze films, qui tenait à faire les présentations. Il s'étonnait que nous n'ayons jamais travaillé ensemble, alors que nous avions respectivement une inclination reconnue pour la comédie et le genre policier. Lautner avait sous le coude un roman de Michel Grisolia, *L'Inspecteur de la mer*, qui procédait du même mécanisme que l'intrigue de *Razzia sur la chnouf*, d'Henri Decoin, avec Gabin : un gentil qui infiltre les méchants en se faisant passer pour l'un d'entre eux.

Cette fois, à l'inverse du *Casse*, j'étais faussement un truand pour mieux être un bon flic. Mon personnage choisissait de passer la frontière du monde des flics à celui des voyous, mais sans hésiter sur sa nature, sans ambiguïté. En plus de mon personnage qui m'allait bien, et de l'agréable facilité avec laquelle Lautner faisait ses films, j'avais le bonheur de tourner dans le Sud, aux Studios de la Victorine, avec plein de vieux camarades : Marie Laforêt, Michel Galabru, Michel Beaune, Charles Gérard, Georges Geret, Jean-François Balmer.

Vu le succès qu'il remportait à sa sortie, *Flic ou voyou*, nous a disposés, Audiard, Lautner et moi, à prolonger notre trio et à faire dans la foulée, avec la même bande, *Le Guignolo*. Nous nous sommes un peu hâtés, je crois, et avons commis quelques erreurs.

Notamment de nous être contentés d'un scénario très imparfait et d'avoir osé une affiche de mauvais goût : un homme, en l'occurrence moi, qui se balance sous un hélicoptère en caleçon à pois rouges.

En fait, nous avions surtout favorisé la rigolade et pris le film comme prétexte à une déconnade géante pendant trois mois à Venise. Nous nous permettions toutes les fantaisies, ce qui nous égarait dans un grand n'importe quoi. *Le Guignolo* a malgré tout eu du succès : il a amusé trois millions de spectateurs. C'était ma première fois en tant que distributeur, et j'étais satisfait.

Le public, lui, se moquait bien de mes rôles divers derrière l'écran. Il m'avait adopté en tant que voyou puis flic et me croyait désormais doté de pouvoirs surnaturels. Comme je réalisais l'impossible à l'image dans des cascades aberrantes, que j'obtenais toujours gain de cause à la fin du film dans ma quête, ou mourais, on a fini par me percevoir comme un héros, voire un demi-dieu. Dans la réalité aussi, sans plus faire la distinction entre mes personnages et moi. Alors qu'avec Laura Antonelli, nous profitions du luxe d'un voyage de trois heures à New York en Concorde, j'ai eu l'occasion d'expérimenter cette confusion.

Nous sommes tranquillement et confortablement assis quand l'avion se met à brinquebaler. Les passagers sont surpris, certains ont peur. Le pilote prend la parole pour expliquer que l'un des quatre moteurs de l'engin supersonique a cassé. Il nous encourage au calme, certifiant que trois suffisent amplement pour assurer le vol, lequel sera seulement un peu plus long puisque nous venons de passer en subsonique.

Malgré cette annonce rassurante, mon voisin de droite ne semble pas se détendre du tout. Il enchaîne les verres d'alcool, frénétiquement. Trente minutes après le premier incident technique, un second se produit. Cette fois, nous décrochons violemment et une odeur de brûlé envahit la cabine. Le pilote se manifeste à nouveau, d'une voix moins sereine que tout à l'heure, afin de nous informer qu'un deuxième moteur a cramé, qui nous obligera peut-être à nous poser quelque part avant New York. Cette fois, mon voisin est au bord de vomir, blême, les yeux écarquillés. Soudain, il se tourne vers moi, m'agrippe le bras et me hurle : « Monsieur Belmondo, faites quelque chose ! »

Je n'ai rien pu faire et nous sommes quand même arrivés sains et saufs à New York. Mais sept heures plus tard !

Lautner m'a encore sollicité pour son film *Joyeuses Pâques*, nostalgique de *Flic ou voyou*, puisque tourné aussi à Nice, avec Marie Laforêt dans le rôle de ma femme. Mais dans un genre bien différent, vaudevillesque. Nous formons avec cette dernière et ma jeune maîtresse, interprétée par Sophie Marceau, que je fais passer pour ma fille, un triangle amoureux qui sert de point de départ à une série de péripéties impliquant des cascades. En hors-bord, avec lequel je passe sur une île à travers une cabane à bateaux, et aussi en voiture, avec laquelle je vole à travers une large vitre.

Le ton du film, enlevé et frais, les séquences spectaculaires, la vivacité de jeu de mes deux partenaires féminines, enchantent le public. Un avis infirmé par les critiques, impatients d'annoncer ma chute, contents de conclure à une « spirale de l'échec » en s'appuyant sur le nombre modeste d'entrées pour *Les Morfalous*, réalisés par Henri Verneuil.

19

N'écrivez pas le mot « fin »

Impossible. Inenvisageable. Perdu d'avance. Planté. Je ne pourrai pas. C'est trop dur. Tenir trois heures et quart, se souvenir de tout. Ceux qui me déconseillaient de m'y attaquer avaient raison. Je ne suis pas de taille, ce rôle est trop grand pour moi, je vais flotter dedans et me ridiculiser. Je ne sais plus faire, moi ; ça fait vingt-six ans que je ne l'ai pas fait, depuis que j'ai déserté brutalement la pièce de Sagan, *Un château en Suède*, pour le film de Peter Brook, *Moderato cantabile*.

Autant se lancer dans une cascade sans l'avoir préalablement réglée. Pire qu'imprudent, suicidaire. Il vaut mieux que je me tire, avant que mes partenaires arrivent et m'empêchent de fuir. Il n'est que dix-huit heures ; le théâtre est calme et silencieux, seuls quelques machinistes sont à l'ouvrage. J'attrape mon manteau, sors de ma loge et file hors de Marigny pour sauter dans ma Ferrari. Je m'extrais de Paris pour pouvoir rouler, reprendre mes esprits dans la vitesse, dissiper mon angoisse sur une route droite et rapide. Je viens de paniquer. L'angoisse a gagné.

Nous sommes le 24 février 1987. Je suis censé entrer en scène dans une heure et demie : ce soir, je fais mon retour au théâtre après une bien longue interruption. C'est Kean qui a été élu pour ces retrouvailles, le rôle que mon cher Pierre Brasseur tenait au théâtre Sarah-Bernhardt en 1953 dans la pièce d'Alexandre Dumas, du même nom, datant de 1853 mais rajeunie par Jean-Paul Sartre.

Le personnage, inspiré de l'histoire d'un homme qui a joué toute sa vie dans les pièces écrites et mises en scène par Shakespeare, et qui a même poussé le vice jusqu'à mourir sur scène dans la peau d'Othello, se prête à toutes les extravagances d'un comédien dont il est la quintessence. Il passe par tous les états, prend tous les masques et glisse d'un répertoire à un autre sans transition – un pur bonheur, un fantasme originel d'acteur. Mais *Kean* requiert d'être en forme pour endurer la performance physique, et d'avoir la mémoire bien entraînée.

Alors, même si j'ai recommencé à faire du sport quotidiennement et si je me suis isolé avec Maman au Maroc pendant un mois pour me mettre mon texte en tête, je doute. Je risque d'être décevant ; je ne suis pas à l'abri d'un trou, d'une erreur, d'une fatigue.

Tout Paris sera là pour me juger, je n'ai pas droit à l'erreur. Je ne peux pas, non, je ne peux pas. Je vois d'ici les critiques : « Le retour raté de Belmondo au théâtre »,

« Belmondo : le désastre sur les planches », « Belmondo, pathétique ».

J'en ai des sueurs froides ; ma chemise trempée mouille le cuir de mon siège. Le théâtre c'est bien différent du cinéma. Un autre monde, beaucoup plus âpre, exigeant.

À côté, le cinéma est un exercice confortable qui demande bien moins d'efforts. Les contraintes de la durée de jeu et de la mémorisation n'existent pas. On se pointe, on se prépare, on tourne, avec le texte pas loin, on se repose entre deux séquences, on ne risque pas les crachats et les sifflets, sauf si l'on fait l'erreur d'aller à Cannes !

Et encore, il arrive qu'on y reçoive finalement des hommages. En 2011, on m'a remis une palme d'or d'honneur pendant le festival et, sur le tapis rouge, cette fois, j'ai vécu un instant de grâce : le silence respectueux des photographes qui posent leur appareil sur mon passage. Reconnaissons qu'être acteur n'est pas désagréable.

Je me souviens de Mastroianni qui disait : « On vient me chercher en voiture, tout est facile. Alors, qu'est-ce que vous voulez, je ne suis pas fatigué ! »

J'ai hésité longtemps à reprendre ma relation avec le théâtre là où je l'avais laissée. Je me connais : je savais que, au dernier moment, je n'assumerais plus. C'est Robert Hossein qui a œuvré pendant six ans à m'inciter à remonter sur les planches, en me proposant successivement Scapin, dont le patron de la Comédie-Française, Jean-Pierre Vincent, n'avait pas voulu ; puis Cyrano de Bergerac, qui me semblait inaccessible, à moi qui me sentais de nouveau néophyte, ignorant les bases mêmes de l'art dramatique. Comme Robert Hossein jouait avec – ou plutôt contre, puisqu'il y est mon adversaire – moi dans *Le Professionnel*, il se trouvait là à l'avant-première où mon père m'a fait ce commentaire important : « Tout ça, c'est très bien. Mais quand feras-tu ton vrai métier ? »

Bien sûr, il parlait du métier de comédien. C'était le seul qu'il estimait sérieux et honorable. Les films, c'était gentil, mais ça ne voulait pas dire grand-chose pour lui qui avait fréquenté Pierre Brasseur et avait été contemporain des grands hommes du Cartel. D'ailleurs, il ne se déplaçait pas toujours pour me voir au cinéma. Je lui en avais fait la remarque un jour où il me reprochait de ne plus passer le voir à l'atelier. Il espérait que je reviendrais à mes premières amours, à ce qui avait engagé ma vie et déterminé ma carrière : le théâtre.

Je ne peux même pas me dire que je vais le faire pour lui, pour lui faire plaisir, lui qui n'attendait que ça. Tout à l'heure, il ne sera pas là.

Il nous a quittés le 1er janvier 1982, cinq ans déjà. On l'a hospitalisé, les médecins ont établi un mauvais diagnostic, nous ont soutenu que son état ne méritait pas d'inquiétude. Le lendemain, il était parti, sans que nous ayons pu lui dire au revoir. Sa mort m'a laissé penaud, idiot. Comme s'il avait dû être toujours là, continuer d'aller au Louvre le dimanche, dessiner sur les coins de table pour toujours. Ça n'avait pas de sens qu'il ne soit plus là.

En plus de mon chagrin, j'ai dû supporter la quasi-indifférence dans laquelle il est mort. Alors qu'il avait été un grand sculpteur, décoré de la Légion d'honneur, sa disparition n'a suscité que quelques rares mentions.

Aucun hommage ne lui a été rendu par le ministre de la Culture de l'époque. Je m'en suis offusqué tout haut, livrant des déclarations acerbes dans les médias. Et l'on m'a entendu. Jack Lang a, quant à lui, réparé son silence en permettant que deux bronzes, *Vénus* et *Apollon*, soient placés dans le jardin des Tuileries. Une plaque a ensuite été posée sur la Cinémathèque. Et, finalement, Philippe Douste-Blazy, avec le concours du conservateur Emmanuelle Bréon, auteur d'un catalogue raisonné de l'œuvre de Papa, a monté une commission chargée de nous aider à créer un musée qui lui soit dédié.

Avec ma sœur Muriel et mon frère Alain, après des années de combat, nous avons réussi à ouvrir le 18 décembre 2010, à Boulogne-Billancourt, un musée qui appartient à la ville et où sont réunies les œuvres de notre père.

Tout à l'heure, il ne sera pas là, mais Maman, si. Alain et Muriel aussi. Et mes enfants, Patricia, Florence et Paul. Ils seront assis dans les fauteuils du premier rang, souriants, confiants, contents. Ils attendront le lever du rideau, que je me jette du balcon avec la corde. Ils espéreront entendre ma voix et me regarder dans mon costume, magnifier les comédiens, faire le fou. Ils se lèveront à la fin pour m'applaudir le plus fort possible, les larmes aux yeux, fiers. Je les prendrai dans mes bras et je les serrerai.

Nous serons heureux ; ça ne durera pas longtemps, mais ce sera bon. Très bon.

Je reviens sur mes pas, vers Paris. Demi-tour. Je ne peux pas les planter. Ni ma famille, ni mes partenaires, dont mes amis de toujours, Pierre Vernier et Michel Beaune. Il me faut faire face. Quand j'atteins le théâtre, il est dix-neuf heures. Ma fidèle habilleuse Paulette m'attend, ainsi que mon vieux camarade coiffeur Charly. Ils m'aident à me préparer. Je respire. Je vais y aller, je n'ai plus le choix maintenant. Plonger. Faire confiance au sort, qui jusqu'à présent m'a servi de bonnes cartes, et à moi. Je suis Kean.

Le fantôme de Pierre Brasseur – peut-être voisin de celui de Mounet-Sully – est là, il m'encourage, me décomplexe à occuper cet habit dans lequel je l'ai tant admiré. Celui de Papa aussi me sourit, heureux que j'aie repris un métier sérieux.

Des cent représentations prévues, nous sommes passés à trois cents. Nous ne pouvions plus nous arrêter, tant *Kean* était un triomphe.

Lors de la dernière, le 3 janvier 1988, la salle nous a arraché des larmes en chantant *Ce n'est qu'un au revoir*. En effet, deux ans plus tard, encore une fois guidé par Robert Hossein, j'ai repris le chemin du théâtre avec le rôle auquel je n'avais pas osé toucher : *Cyrano*, le chef-d'œuvre d'Edmond Rostand.

Tous les acteurs aiment Cyrano. C'est un grand poète, un autre Don Quichotte dont la vie est sublimée par l'échec. Il ne laisse rien derrière lui et rate même sa mort. Je pensais à ce personnage depuis longtemps. Philippe de Broca m'avait suggéré d'en faire un film. Mais je ne concevais pas un film en vers, ni un *Cyrano* sans vers ; alors j'avais abandonné l'idée.

Au théâtre, en tout cas dans le privé, hors subventions, il était rarement donné, compte tenu des moyens gigantesques qu'il implique : quarante-deux personnages et une multiplicité de décors. Il ne fallait pas moins de vingt techniciens et cinq costumières pour assurer les représentations – une production lourde et chère, que j'assumais avec une certaine inquiétude. J'ai de nouveau convoqué les copains et confié à Charly la délicate tâche de me confectionner un nez digne de Cyrano, assez long et visible du fond de la salle. Il m'a goupillé un nez qui pesait onze grammes et nécessitait, les premiers temps, une heure de pose.

Avec l'habitude, il a réussi à réduire l'opération à vingt-cinq minutes. Mon maître d'armes sur le tournage de *Cartouche*, Claude Carliez, se trouvait embauché aussi pour régler les scènes d'épée avec moi. Les répétitions ont été l'occasion de taquiner mon pote Michel Beaune, que j'empêchais d'énoncer sa réplique en enchaînant mon texte avant de m'arrêter brutalement et de lui lancer : « Michel, mon petit, ta réplique ! »

En juillet de l'année 1990, après *Cyrano* où il a eu le courage de tenir son rôle de Le Bret jusqu'au bout, malgré d'affreuses douleurs, il nous a joué le sale coup de nous lâcher, emporté par un cancer. Le quintette que nous formions avec lui, Jean-Pierre Marielle, Jean Rochefort, Pierre

Vernier et moi, se retrouve en deuil – la main privée d'un doigt. Son absence se rappelle quotidiennement à nous.

Comme pour *Kean*, le théâtre Marigny a connu pour *Cyrano* une remarquable affluence. Notre succès était à la hauteur de notre investissement, même au-delà, et nous procurait un plaisir renouvelable chaque soir. Au théâtre, on peut ne jamais s'arrêter, prolonger, et re-prolonger encore.

Au cinéma, quand un tournage est achevé, que les caméras et les costumes sont rangés, le réalisateur déjà occupé au montage, il ne reste que la nostalgie. À l'inverse, sur les planches, on peut revivre tous les jours la joie, d'une manière différente. Car, évidemment, pas une représentation n'est semblable à la précédente. Le théâtre est perpétuelle régénérescence.

Nous avons emmené *Cyrano* en tournée dans toute l'Europe, y compris dans des pays non francophones comme l'Italie et l'Autriche, et nous avons achevé notre circuit par le Japon, où nous avons joué la pièce une dernière fois.

Comme si le personnage de Cyrano trouvait une résonance à cette époque-là, Jean-Paul Rappeneau s'en est aussi saisi pour en réaliser un long métrage avec Gérard Depardieu. La coïncidence m'amusait, moi qui avais vu les premiers pas de l'acteur devant la caméra d'Alain Resnais dans *Stavisky*.

Nous avions même une scène ensemble que nous avions peiné à enregistrer, perdus dans nos répliques et secoués par des fous rires. Nous avions ainsi passé l'après-midi à en venir à bout.

Au crépuscule, j'avais laissé échapper un : « Voilà une journée qui m'a coûté cher », alors que j'avais soigneusement dissimulé mon rôle de producteur pour que personne ne se sente surveillé, et que Resnais puisse faire son job sans entraves.

Je suis toujours touché par les jeunes acteurs, comme j'ai pu l'être par Daniel Auteuil à qui j'ai ouvert ma porte. Je me revois, bien sûr, en eux.

Dans un type comme Jean Dujardin, qui rend hommage au *Magnifique* dans *OSS 117*, je vois du talent et des ressemblances avec ce que j'ai pu être au même âge.

En 2001, j'ai rencontré un jeune acteur doué en tournant dans une version télévisée de *L'Aîné des Ferchaux*, Samy Naceri. Son énergie m'a frappé. Il était très à l'aise et moi, j'appréciais d'être avec lui sur un plateau. Sur le petit écran, j'étais presque aussi novice que lui ! Je n'avais goûté à ce genre qu'une seule fois jusqu'alors : 1959, avec Claude Barma, dans *Les Trois Mousquetaires*, accompagné, pour changer, de mon ami Jean Rochefort.

C'est cette transmission, ce lien d'une génération d'acteurs à une autre, qui a émergé dans une scène jouée avec Richard Anconina, dans le film pour lequel Claude Lelouch m'a engagé entre *Kean* et *Cyrano* : *Itinéraire d'un enfant gâté*.

Le réalisateur est une vieille connaissance, qui a commencé par tourner un documentaire sur moi pour Unifrance, me filmant à 200 kilomètres à l'heure dans mon Aston Martin avant de me faire tourner en compagnie d'Annie Girardot dans son *Histoire d'aimer*, devenue *Un homme qui me plaît*, en 1969, après mon expérience avec Truffaut dans *La Sirène du Mississipi*.

Nous avons voyagé pour les besoins du film aux États-Unis, où les syndicats du cinéma nous emmerdaient, nous obligeant à recruter autant de techniciens locaux que français dans notre équipe, me privant en conséquence de mon chauffeur.

Sur le plateau, au contraire de la rigidité américaine, Lelouch avançait, comme Godard, sans scénario, à tâtons, dans l'improvisation, dans le noir – qui ressemblait à la lumière. Il arrivait avec un pitch et, après, il suffisait de lui faire confiance.

Pour *Itinéraire d'un enfant gâté*, il s'est contenté d'un : « J'ai un personnage qui va t'aller comme un gant. C'est l'histoire d'un mec qui en a ras le bol et quitte tout. »

Elle m'a plu, son histoire. Ce Sam Lion avait en effet quelque chose de moi, à ce moment-là. Et quelque chose de Claude aussi. La lassitude du mec qui a tout vécu, tout eu, et ne sait plus quoi désirer.

Le tournage était un régal. D'abord, parce qu'il a fallu se débrouiller dans des séquences sportives, en haute mer, sur le voilier à bord duquel mon personnage se fait la malle. Ensuite, parce que nous avons fait le tour du monde

(San Francisco, Zimbabwe, Tahiti…) avec des partenaires, comme Richard, qui étaient la douceur et la gentillesse mêmes. Enfin, parce qu'avec Lelouch il n'y avait pas d'efforts à produire pour imposer quoi que ce soit. Il disait « Action ! », et tout se passait. Souvent le meilleur.

Itinéraire d'un enfant gâté a touché un public large et nombreux. Aujourd'hui encore, il est considéré comme un « bon Lelouch ».

C'est également un rôle d'homme mûr que Lautner m'a offert deux ans après Lelouch. Dans *L'Inconnu dans la maison*, je campe un avocat alcoolique, ravagé par la mort de sa femme, inventé par Georges Simenon – auquel je n'ai pas eu affaire depuis *L'Aîné des Ferchaux*. Bernard Stora, Jean Lartéguy et Georges Lautner ont adapté son bouquin. Je retrouve mes copains Mario David et Pierre Vernier dans ce mélo qui me permet d'explorer des zones de jeu différentes et me ramène au tournage d'*Un singe en hiver*.

Je nous revois, ivres morts, Gabin et moi, nous marrer comme des baleines. Il n'est plus là, lui non plus, mais le *Singe* est toujours là, lui, si jamais j'ai besoin, un jour, de m'en souvenir. Et je fais la connaissance de jeunes actrices épatantes, Sandrine Kiberlain et Cristiana Reali, que je retrouverai quelques années plus tard au théâtre dans *La Puce à l'oreille*, en même temps que Béatrice Agenin, avec laquelle j'ai joué quatre pièces.

Dès lors que j'ai eu recommencé à fréquenter les planches, j'ai eu du mal à m'arrêter. Après avoir fêté en fanfare, comme le veut la coutume, mon anniversaire, mes soixante ans, je me suis follement amusé au Théâtre de Paris dans un Feydeau traité par Bernard Murat, *Tailleur pour dames*, et j'ai pris des initiatives pour le Théâtre des Variétés que j'avais acquis en 1991.

Je caressais depuis longtemps le projet d'avoir un théâtre où je puisse faire ce que je voulais et laisser mes copains monter les spectacles qu'ils souhaitaient. Comme je l'avais fait au cinéma avec Cerito, en produisant en 1985 le film de Robin Davis, *Hors-la-loi*, avec le talentueux Clovis Cornillac. Pour le théâtre, il me fallait d'abord trouver un lieu adéquat et disponible.

Quand l'occasion s'est présentée, j'ai foncé après avoir vendu Cerito à Canal Plus sur les conseils d'Alain Sarde, coproducteur de *Joyeuses Pâques* et de *L'Inconnu dans la maison*. J'ai été aidé dans cette opération financière par mon fidèle Luc Tenard, ancien banquier du Crédit Lyonnais, qui a géré avec talent les comptes de ma société de production, puis du Théâtre des Variétés, sous la houlette de son directeur, mon frère Alain.

J'étais ravi de mon investissement. Le meilleur depuis que j'étais en mesure d'investir. J'avais commencé par mettre mes sous dans le vin, contre l'avis de mon père qui m'incitait, lui, à acheter un Renoir qui était en vente à un prix accessible – ce qui s'était révélé être un placement désastreux. Ma société de production avait été, elle, bien plus intéressante en termes de revenus et de liberté.

Au Théâtre des Variétés, j'ai eu la chance de démarrer avec un énorme succès, *Le Dîner de cons*, écrit par Francis Veber, mis en scène par Pierre Mondy et interprété par l'inénarrable Jacques Villeret et mon copain Claude Brasseur. La pièce faisait salle comble tous les soirs, ce qui ajoutait à mon enthousiasme de cartonner dans mon Feydeau au Théâtre de Paris.

J'apprécie tant cet auteur que je me glisserai en 1996, chez moi, aux Variétés, dans *La Puce à l'oreille*, avec Bernard Murat à la manœuvre. Là encore, nous avons reçu l'approbation des spectateurs. Alors que j'avais prévu un taux de remplissage de 90 % pour amortir les coûts de production, j'ai eu la bonne surprise de le voir grimper à 100 % à chaque représentation, pendant un an. Ce qui m'a donné envie de collaborer à nouveau avec Murat – une dernière sur les planches pour moi, en 1996, dans l'œuvre d'Éric-Emmanuel Schmitt, à Marigny, *Frédérick ou le Boulevard du Crime*.

En attendant, je joue *Tailleur pour dames* et bénéficie du carton du *Dîner de cons*. Je suis ravi. J'ai le sentiment que tout me sourit, que le Destin m'arrange. Mais ça ne dure pas. Ma sérénité de sexagénaire comblé s'interrompt violemment. Sur un coup de fil à six heures du matin.

Un dimanche, le 31 octobre 1993. Ma petite chérie, ma fille Patricia, n'a pas eu le temps d'avoir quarante ans. Son appartement de la rue de Rennes a été la proie des flammes. Ma petite fille est morte. Elle qui faisait ma joie, travaillant comme moi dans le cinéma, mais derrière la caméra, mon enfant, je ne la prendrai plus dans mes bras.

Le médecin qui vient me voir ce matin-là m'exhorte à aller au théâtre, comme d'habitude, et à jouer. Il me dit : « Si vous ne jouez pas maintenant, vous ne jouerez plus jamais. »

Je l'ai écouté. Je suis monté sur scène cet après-midi-là, je suis resté jusqu'au bout.

On ne peut pas perdre un enfant. C'est interdit, contre-nature. On meurt avant ses enfants : c'est ce sens que le cours des événements doit suivre. Sinon, on devient fou. Cette peine-là ne se porte pas, elle vous porte. Elle est irrémédiable, absolue. Ce chagrin-là ne se dépasse pas, il demeure. Heureusement, je ne suis pas seul.

Mes enfants Florence et Paul, mon ex-femme, Élodie, mes potes de toujours, Charles Gérard en tête, et ma nouvelle compagne, Natty, essaient de m'épauler dans la souffrance qu'ils partagent. Mes proches en rangs serrés, je peux faire front. Continuer de vivre, imaginer un avenir sans ma fille.

Ma fiancée me témoigne une attention touchante. J'ai rencontré Nathalie Tardivel dans des circonstances autrement plus marrantes que celles qui nous rapprochent maintenant.

C'était à Roland-Garros, où je venais avec mes potes et Maya, un yorkshire dont j'avais hérité dans la séparation d'avec Carlos Sotto Mayor. Je me suis assis à ma place, où ma voisine avait posé son chien, la copie conforme du mien, que je n'ai pas vu et sur lequel j'ai failli m'asseoir. Nous devions avoir davantage en commun que les chiens pour nous être mariés et avoir eu ensemble en 2003 une petite fille, Stella, qui est mon rayon de soleil.

Pour ne pas rester inactif après le décès de Patricia, et parce que j'aime son travail, j'ai rejoint l'énorme équipe que Lelouch avait réunie pour ses *Misérables*.

J'y étais un Jean Valjean crédible, parce que blessé. J'ai ensuite repris le théâtre, comme un entraînement intense qui m'aiderait à dormir, et le cinéma aussi.

Néanmoins, j'avais ralenti le rythme des tournages. D'abord, parce que je commençais à fatiguer un peu. Légitimement, je suppose, après quatre-vingts films. Et puis parce que, après avoir joué dans *Peut-être*, une comédie fantaisiste et réjouissante d'un jeune réalisateur doué, Cédric Klapisch, dans un mauvais Broca, *Amazone*, et figuré dans le film de Bertrand Blier, *Les Acteurs*, j'ai eu de sérieux problèmes de santé. Victime d'une attaque qui m'a laissé à moitié paralysé, il a fallu que je consacre mon énergie à récupérer une partie de ma motricité, ma faculté de parler, mes réflexes.

Encore aujourd'hui, je surveille ma mobilité, mon autonomie, par des exercices réguliers. Francis Huster a osé, après 2001, me réclamer dans son long métrage, *Un homme et son chien*. J'ai accepté parce que cela m'amusait d'être à nouveau sur un plateau, traité avec tous les égards, dans ce climat de bienveillance dont je ne me lasse pas.

Tourner une nouvelle fois a stimulé mon rétablissement, m'a donné une raison de plus de bien recouvrer l'usage de la parole.

Mon fils Paul, lui aussi, m'a fait tourner l'année dernière. Dans un documentaire sur moi ! Il m'a ramené sur les lieux de mes forfaits, dans les Studios de la Victorine, à Nice, sur la Côte d'Azur, et ceux de mon honneur, comme le musée de mon père. Tous les potes, qui l'ont vu grandir, ont aussi répondu à ses questions sur moi. Ça m'a ému qu'il fasse ce film. Qui mieux que lui pouvait le faire ? Il garde et laisse une trace de ce que fut ma vie, de ce qu'elle encore : un moment de joie qui se prolonge, comme je veux.

Maintenant, je n'ai plus qu'à laisser filer les jours dans le bonheur de profiter de ma tribu, qui s'est agrandie avec six petits-enfants. Les enfants de Florence, Annabelle, mannequin, Christopher, dans la restauration, et Nicolas, étudiant, et les trois fils de Paul, Alessandro, bientôt chef étoilé, Victor, lancé dans le cinéma, et Giacomo, qui ne sait pas encore ce qu'il fera. Il est trop tôt. Il vient de passer son bac, comme moi à Saint-Nazaire ! Alors je suis fier de lui. De ses frères et de ses cousins. Mon neveu Olivier, le fils de mon frère Alain, lui, a ouvert un cours de théâtre. Il y aura donc toujours des artistes dans la famille.

Finalement, après avoir revisité ma vie, j'avoue n'avoir que trois regrets : l'adaptation de *Voyage au bout de la nuit*, Scapin évidemment, et Mesrine.

Mon agent Gérard Lebovici avait eu un contact, par le biais de ses étranges fréquentations, avec Jacques Mesrine, en fuite au Québec après avoir déjà largement entamé sa carrière de criminel. *Via* mon ami, j'avais ainsi eu la possibilité d'acheter les droits de son bouquin *L'Instinct de mort*, tandis que l'ennemi public numéro un rentrait au pays. Il s'y est fait choper après un braquage et a été envoyé en taule, d'où il a commencé à m'envoyer des lettres lunaires, dans lesquelles il écrivait par exemple : « J'ai entendu ici que quelqu'un veut te casser la gueule. Tu me fais signe, je l'aurai. »

Audiard et Godard étaient tous les deux emballés par le projet d'adaptation de *L'Instinct de mort*. Mais Jean-Luc a eu la maladresse de m'expliquer comment il voyait le film et mon rôle, qui consistait à être l'ombre de Mesrine ! Comme il n'était pas envisageable que je joue autre chose que l'original, le vrai Mesrine, j'ai laissé tomber. Le film ne s'est pas fait, pas tout de suite en tout cas. Et pas avec moi.

Il m'est resté de cette histoire la voix de Mesrine en cavale qui m'appelle chez Maxim's le 1er janvier pour me souhaiter une bonne année, ou les mots dans ses courriers, cette phrase rédigée avant de s'évader, au sujet du scénario de *L'Instinct de mort* : « N'écrivez pas le mot "fin". »

Remerciements

Alain Belmondo, Muriel Belmondo, Olivier Belmondo, Patricia, Florence, Paul, Stella, Michel Beaune, Pierre Vernier, Jean-Pierre Marielle, Jean Rochefort, Guy Bedos, Charles Gérard, Maria Pacôme, Philippe de Brocca, Henri Verneuil, Jean-Luc Godard, Gerad Oury, Robert Hossein, Jacques Deray, Alexandre Mnouchkine, Michel Audiard, Gérard Lebovici, Alain Sarde, Gilles Delamare, Remi Julienne, Pierre Rosso, Paulette et Charlie, Marco la cloche.

Table des matières

Composition et mise en pages
Nord Compo à Villeneuve d'Ascq

Impression réalisée par
CPI BRODARD ET TAUPIN
La Flèche

pour le compte des Éditions Fayard
en novembre 2016

PAPIER À BASE DE
FIBRES CERTIFIÉES

Fayard s'engage pour
l'environnement en réduisant
l'empreinte carbone de ses livres.
Celle de cet exemplaire est de :
0,700 kg éq. CO_2
Rendez-vous sur
www.fayard-durable.fr

Imprimé en France
Dépôt légal : octobre 2016
N° d'impression : 3020550
73-3824-4/05